楽ラク

自立した子どもに育てるための37のヒント

子育て

中川亜子 Ako Nakagawa

はじめに

今、子育て真っ最中のお母さんたちは、毎日、とてつもない大変さや疲労を感じているかもしれません。毎晩夜泣きをする赤ちゃんに付き合い、自分の想いをありったけぶつけてくる1、2歳児に振り回され、何を考えているかわからない思春期の息子や娘にイライラさせられ、「子どもを育てることって本当に大変」と思いながら、過ごしているかもしれません。

けれども、一生のうち、子育てをする期間はとても短いものです。ゆっくり子どもに付き合い、しっかり抱きしめてあげられるのも今だけ。「子育ては期間限定」であることがわかると、少し、気持ちが楽《ラク》になるのではないでしょうか。

私には、2人の娘がいます。2人とももう成人していますが、彼女たちが生まれてきた時、育っていく間には、いろいろなことがありました。早くに主人が亡くなったため、結婚生活はわずか7年4カ月でしたが、2人の娘を授けてくれたことに、とても感謝しています。

また、子育てと同時に、私は「自分の保育園をつくる」という夢に向かって奮闘し、実際に叶えることができました。子育てと仕事を両立させることは、私一人の力では、とてもできませんでした。そこには、家族をはじめ、まわりの方たちの支えがありました。特に、多くの方たちの温かい心に包まれて、娘たちが育っていったことに感謝の気持ちでいっぱいです。

この本には、「乳児期」「幼児期」「学童期」「思春期」「青年期」という成長段階に沿って、その時期に、私が娘たちにしてきたこと、意識してきたことを37項目にまとめました。

子育てとは、子どもが自立した大人になれるよう、見守っていくことです。私の経験が、現在、子育て中のお母さんやお父さん、これから親になっていく方にとって、少しでも気持ちを楽にして子育てをするヒントとなれば幸いです。

さらに、子育てを終えられた方や私と同世代以上の方たちにも、ご自身の子育てを懐かしく思いだしながら、楽しんでいただければ嬉しく思います。

「子育ては楽しい」

ぜひ、そのことを体感しながら、今を生きる子どもたちとの時間を大切に育んでいただきたいと願っています。

中川亜子

楽ラク子育て 目次

乳児期 0〜2歳

幼児期 3～5歳

学童期 小学生

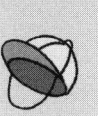

思春期

中学〜高校生

青年期 成人～

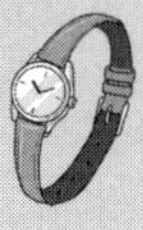

装幀　根本佐知子（梔図案室）
イラスト　小野真梨子

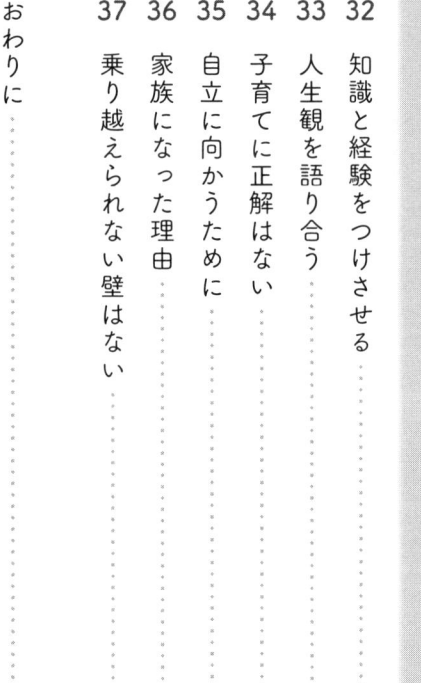

乳児期

0～2歳

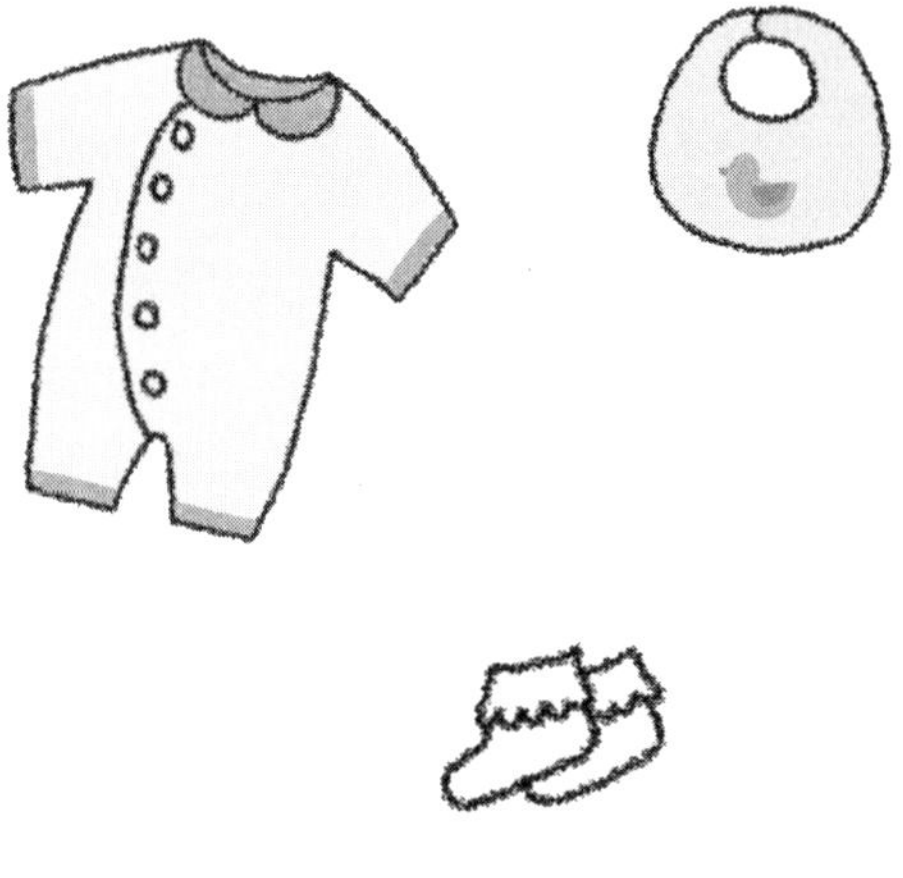

生まれてまもない乳児期は、
身体的・社会的・精神的発達が
もっとも著しい時でもあります。
言葉はわからなくても、
赤ちゃんは赤ちゃんなりに
いろいろなことを感じ取るので、
この時期の親の関わり方は
とても大切です。

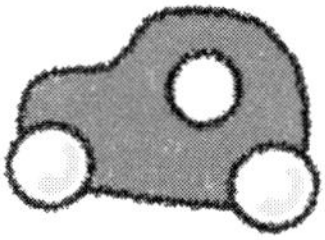

1 「生まれてきてくれてありがとう」を伝える

2000年3月12日、私と主人にとって待望の赤ちゃんが生まれました。結婚してから、3年3カ月、本当に待ちわびた赤ちゃんの誕生でした。

妊娠するまでは、「どうして授からないのだろう」と悩み、婦人科に通って排卵誘発剤の注射を打ってもらうこともありました。痛みと、軽い副作用を味わいながら、なかなか妊娠しないことへの焦りを感じていました。

転機が訪れたのは、1999年5月です。

ゴールデンウィークに主人とインド旅行に行く計画を立てました。「旅行に行くなら、一旦（排卵誘発剤の）注射はお休みしましょう」とのお医者さんの言葉に従いました。

それでも「赤ちゃんが欲しい」という願望は片時も頭から離れることはありません。

私たちはインドでも、

「なかなか子どもが授からなかった王様が建てた宮殿がある。そこの柱に赤い紐を結んだら赤ちゃんが授かった」

という話を聞けば、主人が想いを込めすぎて紐を引きちぎってしまうくらい、願掛けをして紐を結んだり、

「インドで最も神聖な川とされるベナレス（バラナシ）のガンジス川で身を清めたら、子どもが授かるかもしれない」

と考え、2人で川へ入ったりするほどに真剣でした。

インド旅行から帰ってきて、そろそろ不妊治療を再開しようかと思っていた頃、私は身体の変化に気づきました。

私のお腹に、小さな生命が宿っていたのです。

そうやって、長女は生まれてきてくれました。

次女を授かった時は、さらに劇的でした。それについては、また後でお話ししますが、とにかく私たち夫婦の元には、2人の女の子が来てくれたのです。

私と、生まれたばかりの次女が退院して、初めて親子4人で横に並んで寝た時は、究極の喜びでした。娘たちの可愛く並んだ寝顔を眺めながら、

「お父さんとお母さんを選んで生まれてきてくれてありがとう」

と、心からの感謝を込めて、何度も何度も言いました。

「生まれてくれてありがとう」という言葉は、娘たちの物心がついてからも、毎日のように、眠りにつく前に言いました。

「生まれてきてくれてありがとう」

するとある時、長女が口を開いて、

「産んでくれてありがとう」

と返してくれました。

思わずぎゅーっと抱きしめて、頭を撫《な》でました。長女は安心した顔で眠りにつきました。

一日の終わりに、こんなやりとりができたら、私も娘たちも、とても幸せな気持ちに満たされて眠ることができます。ですから私は、娘たちに何度も何度も伝えてきました。

あれから約20年。娘たちが成人になった今も、私たちを親として選んで生まれてきてくれた、この出逢いに心から感謝しています。

「生まれてきてくれて、ありがとう」

2 たくさんの人たちに育ててもらう

私は独身の頃から、結婚したら核家族で生活するよりも、主人のご両親と同居するほうが良いな、と何となく思っていました。それは、子育てをするにあたって、できるだけたくさんの人たちに関わってもらうほうが、子どものためにも良いだろうと思っていたからです。

私が主人と付き合い始める前から、彼の実家ではすでに二世帯住宅が建てられていました。ですから、私は何の躊躇《ちゅうちょ》もなく、彼の実家に嫁ぎました。

結婚当初は主人のご両親と妹さんがいて5人家族となり、後に娘が2人生まれて7人家族となりました。今思うと、やはり核家族より、祖父母と叔母がいてくれて本当に良かったと思うことがたくさんありました。

長女が生まれた時、家族の誰もが待ち望んでいたので、それはそれは可愛がられました。

私は1年間の育児休業を取っていたので、娘の成長を毎日事細《ことこま》かに日記につけたり、写真におさめたりして、初めての我が子に、かなりベッタリでした。ですから、義母が時々、娘を連れて近所の家に行ってしまうと、娘を取られたようで寂しくなってしまうこともありました。そんなふうに、執着《しゅうちゃく》や嫉妬《しっと》の感情が芽生えた自分に驚きました。

1年間の育児休業を終える頃、娘を保育園に入れようか、義母に見てもらおうか悩みました。けれど、3月生まれでまだ身体も小さい娘にとっては、大きな集団生活に入れるよりも、家庭でおばあちゃんと一緒にゆっくり過ごしたほうがいいだろうと判断しました。

義母はまだ若く、車の運転もできたので、近所の若いママたちと一緒に、娘を公園や「子育てひろば」にも連れて行ってくれました。また、私がつけていた毎日の子育て日記と同じように、何をして遊んだか、食べたもの、お昼寝の時間、排便した時間まで記録してくれました。そのため、私も安心して義母に預けることができました。育児休業中に抱いた執着や嫉妬の感情も消え、毎日感謝の心で娘をお任せして、仕事に向かいました。

一方、義父は、初孫のためにブランコやままごと用のキッチンを作ったり、撮った写真を現像して、引き伸ばして壁に飾ったりと、余暇を孫のために使うことが増えました。ああだこうだと言いながら、孫のために楽しそうにおもちゃを作っている義父の姿を見るのも好きでした。

義妹は当時会社員で、毎日、事務服を着て出勤していました。それが長女にとっては憧れだったようで、成人した今でも、可愛いお姉さんとして印象に残っているようです。

その他にも、娘たちは小さな頃から、近所のおばあちゃん、おばさん、おじさん、義母の友達、主人や私の友達、仕事関係の仲間など、毎日いろいろな方と関わり、さまざまな環境の中に連れて行ったことで、たくさんの人たちと触れ合ってきました。

そのおかげか、2人とも人見知りはほとんどなかったように思います。

私は、親だけで子育てをするより、できるだけたくさんの人たちに関わってもらえる環境をつくることを心がけてきました。

病気で主人が亡くなった後も、「私が2人の娘を育てなきゃ」といった気負いや義務感を感じることもなく、楽な気持ちでいられたのは、主人の家族をはじめ、まわりの方たちがいてくださる安心感があったからだと思います。

3 泣いたら対応、ごきげんな時はそのままで

生まれてから2歳くらいまでの赤ちゃんが自分の意思を伝える一番の手段は、泣くことです。

「おなかがすいた」

「おむつがぬれてきもちわるい」

「ねむたい」

「だっこしてほしい」

「あそんでもらいたい」

まだ言葉で伝えられない時期の要求はすべて、泣くことで訴えます。

赤ちゃんは、本能で要求や欲求がある時だけ泣きますから、泣いてもあせらず、

「おっぱいかな」

「おむつかな」
「だっこかな」

と、様子を見ながら対応してあげれば良いのです。はじめはどうして泣いているのかわからなくても、毎日赤ちゃんの声をよく聴いていると、だんだん何をしてほしいのかがわかってきます。

一方、満たされていてご機嫌な時は、ニコニコしたり、ジーっと何かを見つめたりして、おとなしくしています。そんな時は、大人も静かにニコニコ見守っているだけで良いのです。

「赤ちゃんに何か語りかけなきゃ」と思う必要はないし、にぎやかな子ども向け番組や音楽を流す必要もありません。赤ちゃんが泣くまで、お母さんもそばでゆったりしていれば良いのです。

私は、娘たちが赤ちゃんの頃、この穏やかでゆったりとした時間に至福を感じていました。赤ちゃんの「あー」とか「うー」といった喃語《なんご》が聞こえると、それだけで幸せでした。

子育て中であったとしても、静かで穏やかな時間・空間は、大人がそれを大切にしようと思って環境を整えれば、いつだってつくることができるのです。

私は、昼間はテレビを消して、音楽を流すならクラシックやジャズなどを、心地よく聴こえる程度にできるだけ音量を下げてかけ、いつでも娘の声が聴こえるようにして過ごしていました。

そうすると、あおむけに寝ている娘が、天井や空を見ながら、何か声を出しています。ひとりごとを言っているのです。何を言っているのかはわかりませんが、声質や雰囲気から、ご機嫌なことはわかります。

娘がグズグズ言い始めたら、そばに行き、「飽きちゃった?」「あそびたいかな」と言って抱っこしてあげると、ニコニコします。

それでもグズグズしたら、おむつを替えたり、おっぱいをあげたり、背中をトントンとやさしくたたきながら寝かせてあげたりしました。

毎日、そんなふうに大人が安定した暮らしを送り、赤ちゃんは自分が望んだとおりに大人が対応してくれると、安心感を得ていきます。

赤ちゃんが泣いて何かを訴えた時に対応する。

ほうっておいてほしい時は見守る。

赤ちゃんの時に、このような意思を大切にする対応をしてあげることが、後々の子どもの自立につながっていくのです。

とかく親は、無意識に我が子を自分の思い通りにしようとしがちです。

自分のペースに子どもをのせていこうとします。

あなたはどうですか？

赤ちゃんの声、欲求、要求を、聞いてあげられる親でいてもらいたいと思います。

4 歩きたい時、歩かせる

子どもは1歳を迎える前後くらいから歩き始めます。

保育園にお子さんを連れてくるお母さんやお父さんたちを見ても、保育者たちを見ても、赤ちゃんや子どもが求めてもいないのに、無意識にヒョイと抱っこして、抱えたままスタスタと歩いていく姿が多く見られます。

赤ちゃんの移動手段は、ずり這《ば》いやハイハイ、伝《つた》い歩き、またはヨチヨチ歩きなど。それも、とてもゆっくりしたペースで進みます。

毎日忙《せわ》しなく、時間に追われながら過ごしている大人は、このゆっくりな時間を待つことができません。赤ちゃんや子どもという存在を大人の時間に合わせるために、時として、子どもを荷物と同じような扱いで、ヒョイと移動させているかのように見える時もあります。

もちろん、24時間すべての時間を、子どものペースで動くまで待つなんていうことはできませんが、余裕がある時は、子どもが抱っこを求めてくるまで、自分で動くまで、見守っていてあげても良いのではないでしょうか。

また、歩き始めの頃は、何度も何度も転びます。

つかまり立ちをしていて、バランスをくずして、顔をぶつけることもあります。

たくさんの失敗を繰り返しながら、歩けるようになっていくのが当たり前なのに、「可愛い子どもに怪我をさせたくない」という想いで、子どもが歩こうとするより先に、抱っこしてしまう親もいるかもしれません。

20年以上も前のことになりますが、私は、長女が歩き始めた頃に連れて行った公園の風景や娘が着ていた洋服、歩いている仕草を、今でも鮮明に覚えています。

まだ本当にヨチヨチ歩きで、公園内をアッチにコッチにふらふらしながら歩く姿、途中でドシンと尻もちをついた時のキョトンとびっくりした顔、ビデオカメラ片手に、もう片方の手が思わず娘のほうへ伸びてしまった主人……。

娘の歩くペースにゆっくり付き合い、幸せで穏やかな時間が流れていました。

親の都合や、機嫌が良い時だけ抱っこしたり、いつまでも赤ちゃん扱いして歩かせなかったり、反対に少し大きくなって、下の子が生まれると、途端にお兄さん、お姉さん扱いをして、抱っこを求めてきても、「もう大きいんだから歩きなさい」と言ったり。なんとも大人の都合や勝手を押し通してしまうことがあります。

けれど、どんな小さな赤ちゃんにも、意思はあるのです。

私は、赤ちゃんや子どもと目が合った時に、パッと手を広げて「おいで」という仕草を見せると、向こうからハイハイやヨチヨチ歩きで向かってきてくれたり、あるいは2歳くらいになると、ダッシュで私の懐《ふところ》に飛び込んできてくれたりする瞬間が、たまらなく好きです。

子どもの意思で動く、ということがとても良いのです。

保育園でも、夕方の時間になり、1人2人とお迎えが来て、自分も今か今かと待っていた子が、お母さんの姿を見つけるなり、走ってその胸の中に飛び込んでいく姿は、とても微笑《ほほえ》ましく思います。

子どもは、大好きな人、大好きなモノ、大好きなあそび、興味があること、意識が向いたものを見つければ、自ら動いたり、時にはしゃがんでジッと見つめたり、その場面場面で、きちんと意思を持って行動します。

後の話にも出てきますが、子育ては「待つこと」が、大人（親）の最大のテーマであり、課題になります。「待つ」ということは、未来行く末、長い期間を、見通しを持って育てることです。

それが、子どもの可能性を広げる原点になるのです。

子どもが歩きたい時には、ゆっくりと付き合ってあげる。

子どもが抱っこを求めてきた時は、応じてあげる。

子育ての期間の中でも、子どもが抱っこを求めてくる期間は、とても短いです。
子どもの意思、想いをそのまま受け止めてあげたいものです。

5 絵本を読む

私は、保育士になる前から絵本が好きでした。保育学生の時に初めて買った絵本も覚えています。学生の時に自分で作った、マーシャ・ブラウンの名作『三びきのやぎのがらがらどん』（福音館書店）のエプロンシアターや、絵本をもとにしたパネルシアターは、保育士時代にたくさんの子どもたちに演じて見せてきました。

浜松市の職員として採用され、初めて保育士として配属された保育園の先輩に絵本好きな方がいらして、私を絵本の研修会や勉強会に誘ってくださいました。

ちょうど、同期の仲間も数人、その有志の勉強会に参加していると聞いたので、私も毎月、その勉強会へ行って、絵本について学ぶようになりました。

保育士1年目から、次女が生まれた数年後まで続いたので、15年くらい参加していたことになります。

その間、児童書の出版社である福音館書店へ見学に行き、著名な絵本作家さんたちの原画を見せていただいたり、何年もかけて絵本を作っていらっしゃる編集者さんのお話をうかがったり、現場で子どもたちに読み聞かせをしている実践例をまとめたりと、随分とたくさんのことを学ばせていただきました。

また、私は20歳の頃から、個人的にも多くの絵本を購入し、集めていました。

公立保育園勤務時代に浜松こどものとも社の安田さん親子に出会い、絵本にまつわるエピソードをたくさん聞かせていただいたことを機に、いつか自分の子どもが生まれたら読んであげよう、いつかつくる保育園のために用意しておこうと、月刊絵本からベストセラー作品まで、あらゆる分野の絵本を集めました。

ですから、長女が生まれる時には、我が家には図書館のようにたくさんの絵本がありました。

絵本の勉強会で、「妊娠中もお腹の赤ちゃんに向かって絵本を読んであげると良い」と聞いていたので、やってみました。

娘の目が見えるようになった頃には、色彩のはっきりした絵本を見せながら読んであげました。

おすわりができるようになると、主人も自分の膝の中に娘を座らせて、読んであげるようになりました。

1歳を過ぎる頃には、毎晩寝る前に絵本を数冊読んでから寝かしつけることが習慣になりました。

義母や義妹も、たくさん読んでくれました。

長女が4歳の時に次女が生まれると、自分がしてもらったように、妹に絵本を読んであげるようになりました。小学生になると、自分で絵本をかくようになりました。自分の頭の中に浮かぶ想像の世界を表現することは、とても楽しそうでした。

日常生活のなかに質の良い絵本があることは、高価なおもちゃを与えるよりも何倍もの価値があります。

私がよくおすすめするのは、「つ」がつく年齢、つまり「ひとつ、ふたつ……ここのつ」と、9歳までは、ぜひ子どもに絵本を読んであげていただきたいということです。

きっと、心の豊かな子どもになることでしょう。

6 心にゆとりを持つ

「子育ては忙しい」と思いますか？

赤ちゃんは胃袋が小さいので、2～3時間くらいでお腹が空いて、泣きます。お母さんは、そのたびにおっぱいをあげたり、ミルクを飲ませたりして、赤ちゃんの空腹を満たします。

おしっこやうんちが出ます。気持ちが悪いと、泣きます。お母さんは、赤ちゃんのお尻を綺麗に拭いてあげます。

お母さんの姿が見えないと不安になり、泣きます。お母さんが来て抱っこしてくれると、ご機嫌になります。こんなことが、赤ちゃんが生まれてから1年くらい続きます。

言葉を話し始めるようになると、「ママ」「パパ」「ジブンデ」「わたしの」など、自分の意思を言葉で伝えてくれるようになるので、何を求めているのかわかりやすくなりますが、同時に自我が芽生えてくるので、「イヤイヤ」と言うことも増えてきます。今までされるがままだった赤ちゃんから、一人の人として、対等に向かってきます。第一次反抗期といわれる時期です。

そんな時、お母さんの心持ちはどんなでしょうか？
赤ちゃんが泣いたら、一緒に泣きたくなりますか？
子どもがイヤイヤと言ったら、お母さんも感情的になって怒りますか？

子どもが生まれたら2~3年は、とことん子どもと向き合う、付き合う期間にしてほしいと思います。少なくとも1年。働いている方でも、1年くらいの育児休業が取れると思いますので、その期間はどっしりと腹を据《す》えて、子どもに向き合っていただきたいのです。

私は育児休業が楽しみで仕方がありませんでした。

長女の時は、育児休業制度は1年間と決まっていたので、娘の1歳の誕生日から職場に復帰しましたが、それでもその1年は、私と娘にとって母子関係を深めるには十分すぎるほどの時間でした。

毎日、娘のリズムに合わせて、娘の欲求通りに対応してあげるだけ。

泣いても、うんちをしても、何をしても愛おしくて、そこには喜怒哀楽の感情の「喜び」と「楽しさ」しかありませんでした。

長女が1歳になる直前に卒乳（子ども自らおっぱいを欲しがらなくなる）するまでは、夜中に授乳のために起こされることもありましたが、一度も煩《わずら》わしく思うことはありませんでした。

それは、娘が自然に離れるまで、娘が要求したことはすべて受け入れようと覚悟を決めていたからだと思います。

とかく女性は、結婚したり出産したりすると、今までの自分だけの生活ペースを変えざるを得なくなることが多いものです。

まわりの家族のためにかける時間が増えるので、確実に自分の時間が減ることになります。けれど家族を持つということは、愛を出せる場が増えるわけですから、自分の魂の成長のためにも有意義なことです。

子育てには期限があります。

たった1、2年でいいので、お母さんが心にも時間にもゆとりを持って、お子さんの欲求、要求に付き合ってあげれば、その子は大きな自信を持って成長していけます。

子どもの自立への道は、ここから始まっているのです。

7 「甘えさせること」と「甘やかすこと」

言葉は似ているようですが、全く異なる意味を持っています。
「甘えさせること」と「甘やかすこと」。

甘えさせてあげることとは、子育てにおいて重要なポイントです。まず前提として、人間の赤ちゃんは、身体的にも心情的にも、とても未熟なまま生まれてきます。生まれておおよそ1年間は、誰かに頼らなければお腹を満たすことができないし、自分で動けないので、移動すらままなりません。

感情は泣いて訴えないと、気づいてもらえません。

最初から誰かに頼り、甘えないと生きていけない存在なのです。

赤ちゃんは何か不快な思いをした、あるいは何かをしてもらいたい時に泣きます。その泣き声にお母さんや身近な大人が気づき、ああかな、こうかな、と考えながら対応してくれます。赤ちゃんは、その対応に満足すると泣き止みます。

自分がしてほしいことを汲《く》み取り、満たしてくれる存在がいる――それが、生まれて初めて、人との信頼関係を築く基礎になります。赤ちゃんが泣いて甘える行為こそ、コミュニケーションの第一歩なのです。

では、もし赤ちゃんが泣いていても、誰も気づかなかったり、無視し続けられたりしたらどうなるでしょうか。

赤ちゃんは、泣いて泣いて泣き続けて、力の限り泣き続けたら、おしまいには、泣くことをあきらめてしまうでしょう。途方もない絶望感と共に、人生において人を信頼することは二度となくなってしまうかもしれません。

赤ちゃんにとって甘えるという行為は、人生の始まりにおいて、そのくらい、とても重要なことなのです。

ですから、お母さんやお父さん、保育者の皆さんにお願いしたいのは、3歳までは子どもの欲求、要求はすべて受け入れて、満たしてあげてほしいということです。この時期に、十分自分の感情を出して、大人に甘えさせてもらった経験のある子どもは、その後の自立（自律）が早くなると思います。

一方、甘やかす親（大人）もたくさんいます。親子関係を見ていると、「あ、この家は、子どもを甘やかして育ててしまっているな」と思うことがあります。

たとえば、食事前に子どもが欲しがるからといってお菓子を与えてしまったり、お店で「あれかって」「これかって」と駄々をこねられると買ってしまったりして、子どもの言いなりになって、まるで召し使いのように振り回されている親がいます。親子関係が逆になり、親が子どもに気をつかったり、子どもが威張《いば》って親に命令したりしています。

子どもは、本能的に上下関係を見抜きます。

「なんでも言うことを聞いてくれる都合の良い人」と認識すると、わがままを通そうとします。

小さい頃は、駄々をこねたり、泣き叫んだりすれば自分の言うことを聞いてもらえるので、表面上は問題なく思えますが、思春期になった時、自分の想いが通らないと暴力につながる危険性を持っています。

この「甘えさせること」と「甘やかすこと」のニュアンスの違いを感じとるためには、もう少し読み進めていっていただきたいと思いますが、0〜6歳の乳幼児期の育て方が重要であることを、心に留めておいてください。

8 授かりもの、預かりもの

「子どもは授《さず》かりもの」という言葉を私が初めて聞いたのは、21歳くらいの時でした。

日本語で「さずかる」という言葉を使う場合、ほとんどが「赤ちゃんを授かりました」と言う時に使われているように思います。

誰から授かるのかというと、

「天から授かりました」

「神様から授かりました」

というニュアンスで使われることが多いので、赤ちゃんがお母さんのお腹の中に来てくれることは、やはり神秘的なことだと改めて思うのです。

「子どもは親を選んで生まれてくる」ということも、昨今耳にするようになりました。長女も4~5歳の頃に、雲の上にいた時の話や、どうやって私のお腹の中に入ったのかなど、この世に生まれる前と生まれる時の情景を、ありありと思い浮かべられるような話をしてくれました。

今では、池川明《いけがわあきら》先生の胎内記憶のお話が、映画にもなるくらい有名になりましたが、当時、長女もかなりハッキリとした胎内記憶や前世記憶を持っていたので、私も「へえ、そうだったんだね」「お母さんとお父さんを選んでくれて、ありがとう」と、自然と話していました。

「いのちを授かる」「赤ちゃんを授かる」という言葉からも、妊娠・出産は、人智を超えた神様事として捉えられるように感じます。

また、マヤ暦《れき》という古代から伝わる個性鑑定学を学び始めてから、「子どもは預かりもの」という言葉を聞きました。

誰から預かっているかというと、神様からです。

娘は、私のお腹に宿って、もちろん私が産んだのですが、「私のもの」ではありません。

一人ひとりに使命と役割があり、神様から許可をもらってこの地上に降りてきたのです。

私のお腹を貸して、生まれた後も大切に育てさせていただきますが、その使命と役割を果たすために自立していく時がきましたら、どうぞ世のため人のためになるようお返しします。それまで、一時的に、神様から預からせていただきます。

私は、そういう意味で「預かりもの」という表現をするのだと解釈しました。

そう考えると、「自分の子」「我が子」という概念はなくなり、とにかく18歳までは、「神様からの預かりもの」を大切に育てさせていただこう、と思いました。

今は、無事にお返しできたかな、と感じています。

幼児期

3～5歳

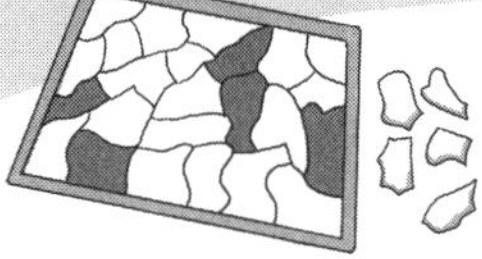

自我が芽生え、自分を思いきり
出せるようになる幼児期。
親やまわりの大人の関わり方が、
その後の人格形成に
大きく影響します。
子ども扱いするのではなく、
一人の人間として、
向き合いましょう。

9 できることは自分で

子どもは、片言で話し始める時期になると、同時に自我も芽生えてくるので「イヤ」「ジブンデ」という言葉を頻繁《ひんぱん》に言うようになります。

大抵の子どもが、自分の気持ちを人に伝える最初の言葉が「イヤ」「ジブンデ」だなんて、子どもって本当に素敵だな、と思います。

私は、どんなに小さな赤ちゃんでも、自分の意思を持っていると感じています。

生まれたばかりの赤ちゃんは、最初からお話しすることはできませんから、泣くことでしか自分の想いを表現できません。

「3　泣いたら対応、ごきげんな時はそのままで」でも書きましたが、赤ちゃんがどうして泣いているのかを汲み取る力が、まわりの大人には必要です。

そして、赤ちゃんが欲していることだけ、してあげればオッケーなのです。赤ちゃんが求めていなければ、それ以上のことをする必要はありません。

子どもが言葉で伝えられるようになったら、子どもの想いはさらに明確になりますので、その通りにしてあげれば良いのです。

「イヤ」という感情を出したら、「いやだよね」「わかるよ」と受け止めてあげる。

「ジブンデ」と、自分でやりたがったら、失敗してもやらせてあげる。

2歳くらいになると、自分でパンツやズボンをはきたがったり、靴を履こうと一生懸命に自分の足を靴に入れようとしたりします。

ただ、当然ですが、最初からうまくできる子はほとんどいません。

子どもは自分でやりたいのに、できなくて怒る時もあります。そんな時は、親は子どもの気持ちを受け止めながら、さりげなく、子どもができるように援助してあげれば良いのです。

そこで、「ほら、できないでしょ」「自分でやるって言ったくせに」なんて言わなくていいのです。できる、できないにかかわらず、子どものやりたい気持ちだけを受け止めて、やらせてあげましょう。

保育園で、親子や祖母と孫とのやりとりを見ていて、もったいないな、と思うことが時々あります。子どもが自分で靴を履けるのに、そのまま歩かせることをせず、ヒョイと抱きかかえて帰ってしまったり、4、5歳の子どものカバンを親が先に手を出して持っていったり。大人は知らず知らずのうちに、子どもができることを奪ってしまっているのです。

私は、娘の年齢に応じた発達に合わせて、できるだけ娘に自分でやらせるようにしてきました。

娘がカバンを持っていくのを忘れて、玄関に置いてあることに気づいたとしても、持っていくことはせず、娘が自分で気づいて取りにくるように「仕向け」ます。そうやって、子どもが自分のことは自分でやるよう、自然と意識していくようにしてきました。

ここには、大人が子どもに「できる」と信じてあげる力と、先を見通す眼も必要になります。

とにかく子どもは日々成長・発達していきます。

それに合わせて、自分でできることは大いにやらせてあげてほしいと思います。

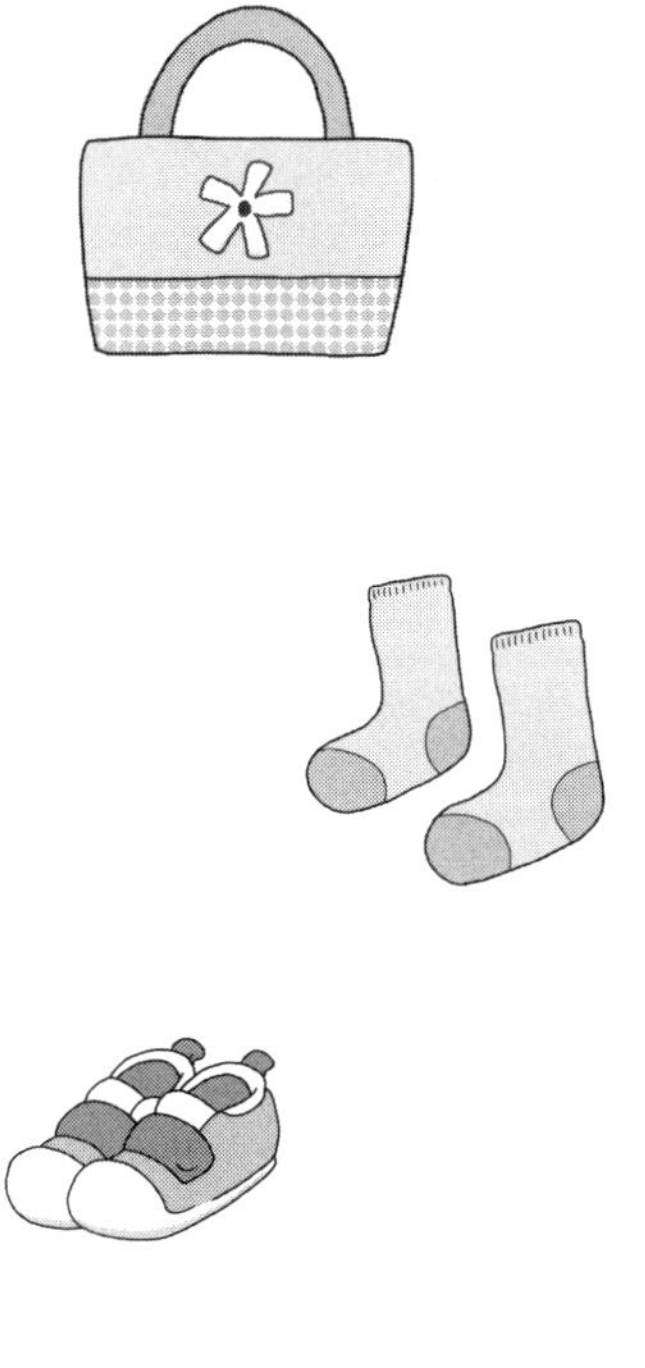

10 ありのままを受け止める

生まれたばかりの赤ちゃんに、あれをしてほしい、これもできるようになってほしい、と要求する親はいないと思いますが、子どもが成長する過程では、いつの間にか、親は子どもに期待するようになりがちです。

自分がやりたくてもできなかった習い事を子どもにさせたり、親の夢を子どもに押しつけたり、もしかしたら、学校や仕事先を決める時まで親があれこれ口を出す家庭もあるかもしれません。

私は、娘たちが小さい頃から、「あれをやりなさい」「これをやりなさい」ということはあまり言ったことがありません。

娘には娘の意思や想いがありますし、ましてや自分がやりたくないのにやらされることほど、嫌なものはないと思います。

娘たちのありのままの姿を受け止めて、意思を尊重してきました。ですから、娘たちに対して、こうなってほしい、という期待や願望はあまりなく、「いつでもそのままのあなたで良いんだよ」というスタンスで接してきました。

子どもは、「褒《ほ》められたい」「認められたい」「愛されたい」という欲求が強いので、意識せずに、親に気に入られるような態度を取る子どももいます。

お母さんやお父さんがあれこれ口を出す家庭で育てられると、子どもは、家ではとてもお利口《りこう》にしているけれど、外では思いきり自分を出して発散する子もいます。家庭で親のご機嫌をうかがいながら過ごしているのかと思うと、気の毒に思います。

親は、子どもがどんな姿を見せようが、泣こうがわめこうが怒ろうが、

「よし、よし」

「泣きたいのね」

「思いきり泣いていいよ」

と、子どもが感情を出すことを全面的に許し、認めてあげてほしいと思います。

そうやって、どんな自分でも受け入れてもらえる安心感を得た子どもは、とてつもないわがまま（子ども側から言うと自己主張）を言うことはなくなります。

まずは受容。

子どもをまるごと受け止めること。

そこから、自立への道が始まっています。

11 一人の人として接する

子どもは、親の所有物ではありません。生まれた時から、一人の人間として存在し、人と人との対等な関わりのなかで育っていきます。

お母さんが、自分の身体に変化を感じた時、妊娠を自覚した時、自分のお腹に新しい「いのち」が宿っていることを感じた時から、お腹の赤ちゃんに話しかけるのは、お腹の中のまだ見えない存在を一人の人として認識し、意識を向けるからです。

生まれたばかりの赤ちゃんが自分でできることは限られていて、大人の援助なしでは生きられません。

けれど、ちゃんと自分の意思は持っていますから、大人はそれを汲み取り、赤ちゃんがしてほしいように対応することで、愛着関係や信頼関係ができていきます。

赤ちゃんにとって、最初に重要なことは、まず信頼できる存在を持てるかどうかです。信頼できる存在とは、よほどの事情がないかぎり、大抵お母さんになります。お母さんには、このかけがえのない未熟な赤ちゃんを一人の人として受け入れて、望むことはすべて満たしてあげていただきたいと思います。

本来、子どもは大好きなお母さんを助けるために生まれてきています。困らせたくて、泣いたり、駄々をこねたりしているのではなく、お母さんの愛情を育てるために未熟なままで生まれてきているのです。

お母さんも、はじめからうまく子育てができるわけではないので、赤ちゃんと共に成長していきます。

「『育児』は『育自』」という言葉もあるくらいです。子どもを育てながら、自分自身も成長していくことを楽しめたら良いですね。

私は、娘たちそれぞれに、一人ひとりの人格として接してきました。次女が生まれてからも、3歳年上の長女のことを「お姉ちゃん」と言わないように、名前で呼んできました。ですから、未だに次女が姉に「お姉ちゃん」と呼びかけるのを聞いたことがありません。

兄弟姉妹でも平等、同等に接すること。家族一人ひとりが尊重し合える関係性を大切にしてきました。

まだ小さくて幼い存在だからこそ、最善の環境を整え、一人の人として最大の愛情をかけてあげたいと思うのです。

12 雲の上の話

「8　授かりもの、預かりもの」でチラリと書いた、長女が話してくれた「雲の上の話」をします。

長女が4～5歳くらいの時でした。

「お母さんのおなかの中にいた時のこと、覚えてる？」

と、聞いてみました。

「うん、おぼえているよ。しろいヘビさんがいた。

その前は、雲の上にいて、神さまとたくさんの子どもたちがいたの。

雲の上から、ママを見つけて、ママのおなかに入ったんだ。

雲からおりるときはすべりだいでおりてきて、ハネがでて、おりてきたの。

その時、ギョロっとしたものと目が合ったの。

それで、ハネがなくなって、おなかに入ったんだよ。

すべりだいから、おりる時に、ちいさなおんなの子がいて、またあとでねーってバイバイしたの」

「どうして、私を選んでくれたの？」

「やさしそうだったから」


娘が話してくれた内容を整理すると、お腹の中の白いヘビは、きっとへその緒のことでしょう。ギョロっとしたものは、当時飼っていたマルチーズの「しんのすけ」のこと。地上に降りてきた時に、彼と一番に目が合ったみたいです。「これ、なんだろう？って思った」と言っていました。空から降りる直前に、女の子とバイバイしたらしく、次に妹が生まれることがわかっていたのだと、後から知りました。

また、ある時は、前世記憶の話もしてくれました。

娘はインドにいて、お父さんが甕《かめ》を頭にのせて水を運ぶお手伝いをしていたそうです。その時も妹がいて、お父さんと娘2人で水汲みに行ったり、泥水（あまり綺麗ではない水）で、ナンのような薄いパンみたいなものを作って食べたりしていたそうです。

私が、まだ小学生にもならない長女の話を、フンフンと真剣に聞いていたのは、娘を信じていたことはもちろんですが、決定的だったのは、彼女から「ラクシュミさま*」というワードが出てきたからでした。

いくらなんでもそんな幼い子に、インドの神様の話をしたことはなかったので、これは娘が経験したことをそのまま話してくれているのだとわかりました。

ごくたまに、「ウチの子、ウソをつくんです」と言うお母さんがいます。

子どもは、大人よりはるかに想像力が豊かで、時には空想の世界の話をするかもしれません。また、もしかしたら長女のように、胎内記憶や前世の話をするかもしれません。

それを、大人が「嘘でしょう」とあしらってしまうのは、あまりにももったいないことです。

大人が忘れてしまった世界のことを話してくれている可能性もあります。

大人は、常に子どもの話を聞く姿勢を意識すべきでしょう。


親が、あまり話を聞いてあげていない家庭の子どもの口ぐせは、「ねえ、きいてきいて」です。

時には、大人の顔を自分にしっかりと向けさせてから、話を始める子もいます。

子どもが話し始めたら、一旦やっていることの手を止めて、子どもと向き合って聞いてあげると、満足そうな顔をします。

大人が子どもの話を聞く姿勢が大事なのです。

そうすることで、子どもは安心して、何でも話してくれるようになるでしょう。

＊ヒンドゥー教の美と富と豊穣を司る女神。

13

目に見えない存在を信じる

私は21歳の時にある言葉を聞いてから、神仏や魂など目に見えない存在を信じるようになりました。それは、

「人間は生き通しの生命《いのち》である」

ということを知ったからです。

小学5、6年生の頃から、

「人はなぜ死ぬのだろう？」

「死んだら、この身体はどうなるの？」

と考えるようになり、ずっと「死に対する恐怖」を抱き続けていました。

やがて成人し、21歳になったばかりの時、交際中の恋人が、中央アルプス縦走中の滑落により、尊い生命を失いました。

当時22歳の大学生で、壮大な夢や希望しかなかった彼の人生が、あまりにも儚《はかな》く終わってしまい、無念でたまりませんでした。

そんな時、私はある宗教哲学に出合い、

「人は、身体がなくなっても、本当の生命《いのち》、実相《じっそう》（本当の姿）、魂は永遠に生き通しなのですよ」

と教えていただきました。

亡くなった彼は、肉体という服を脱いだけれども、魂は生き続けているんだと思ったら、私は、「泣いてばかりではいられない。精一杯生きて、彼に安心してもらわなくては」と前を向き始めました。

同時に、この「生き通しの生命《いのち》」を知って初めて、小学生の頃から抱いていた未知なる死への恐怖から抜け出せる感じがしました。身体がある時だけが自分ではない。

霊（魂）そのものが私なのだとわかった時に、生命や心、魂とか、神様や仏様、ご先祖様など、むしろ目に見えないものこそ大切だと思うようになりました。

長女が4歳、次女が5カ月の時に主人が亡くなりました。ですが娘たちは、物心がついた頃から、姿形の見えないお父さんを、いつもそばにいて見守っていてくれている存在として認識してきたように思います。

朝出かける時や何かあった時には、仏壇に手を合わせているので、ちゃんとお父さんを身近に感じているのでしょう。

私ではなく、主人だからこそ娘たちにしてあげられたこと。それは、目に見えない存在を信じるきっかけをくれたことです。それは、感覚で感じ取るものなので、教えてあげたくても、なかなかできないことです。

私が子どもの頃は、「おてんとさんが見ているよ」「誰が見ていなくても、神様だけは見ているから」と言われ、不正やルールを守らないことを、自分自身で戒《いまし》めたり、自制したりできたように思います。

日本には八百万《やおよろず》の神がいて、どんなモノにも神様が宿っているから大切にしようという思想（信仰と言うのでしょうか）も、目に見えないものを信じる日本人の良き姿だったと思います。

娘たちが、幼い頃から自然と目に見えない存在を信じられる子どもになったことは、主人にとても感謝しています。それによって娘たちは、大きな存在に守られている安心感を持てるようになりました。

もしかしたらそれは、何より大切な教育なのかもしれません。

14

おばあちゃん子、おじいちゃん子

２０００年に長女、２００３年に次女が生まれて、中川家は7人家族と犬1匹の大家族になりました。洗濯機も一日4回は回していましたし、玄関にはたくさんの靴が並んでいました。

２００4年4月に主人が他界したので、7人家族でいられたのはわずか5カ月でした。

けれど、娘たちがこの家族を選んで生まれてきてくれて、本当に良かったなと思います。

私は結婚当初から、主人の家族との同居に何の抵抗もありませんでした。むしろ、いずれ生まれてくる子どもたちのためには、おじいちゃんおばあちゃんもいてくれたほうがたくさん可愛がってもらえると思っていましたし、私も仕事を続けていくことを当たり前と思っていましたので、義父母に頼ることもあるかもしれないと、すでに二世帯住宅を建てていた主人の想いをすんなり受け入れて結婚しました。

娘たちは、しっかりおばあちゃん子、おじいちゃん子に育ちました。

父親が早くに亡くなり、私も保育園の立ち上げや運営などで動きまわっていましたので、必然的に祖父母と過ごす時間が多くなったおかげもあると思います。

長女は、小学校低学年の頃、おじいちゃんが「おすしを食べに行こう」と言って2人で出かけ、おじいちゃんの自転車の後を、自分も一生懸命自転車をこいでついていった記憶があるそうです。

義父は、どちらかと言うと言葉も態度もぶっきらぼうで、孫に対しても変わらずマイペースな人でしたが、娘の心の奥に残るような愛情を注いでくれました。

次女は、父親と両祖父が航空自衛官だったことから、中学生、高校生と成長していくうちに、「私は三代目になる」と宣言し、実現していきました。

次女の大好きな戦闘機に、祖父が若い頃、整備などで携わっていたことも大きな尊敬や憧れとなったようです。娘の父親や祖父たちの亡き後も、

「お父さんの上司や同僚だった方がいたよ」

「パパとママの結婚式にも出てたんだって」

「じいじのこと知っていて、話してくれた」

「私、孫です！って言ったらびっくりしてたよ」

など、長い年月を超えて、祖父から孫、父から次女へとつながるご縁もあり、血縁の深さを感じています。

義母は、ずっと娘たちの食事や身のまわりの世話をしてくれたので、娘たちにとっては、私以上に母親のような存在でした。もちろん、誰よりも孫たちを可愛がり、その分、喜びも心配も味わってきました。

娘たちが成長していく姿を喜んでくれていますが、徐々に手がはなれ寂しさを味わ

わせてしまうこともあります。心配しすぎて疲れさせてしまうこともあります。

けれど、娘たちが成長し、成人し、自立していく姿を、私たち大人は、ただただ見守り応援することしかできません。義母も、少しずつ現状を受け入れてくれています。その愛情を、孫たちもちゃんと受け取っているのか、おばあちゃんのことを常に気にかけてくれているのがわかります。

生まれた時から、祖父母と一緒に生活し、祖父母の愛情を受けてきたことで、長女も次女も、目上の方や年配の方との接し方が上手になったのかもしれません。そういった方々に、本当に良くしてもらったり、可愛がってもらったりしています。

老若男女問わず可愛がられることは、人徳です。

おばあちゃん子、おじいちゃん子は、素敵です。

15

何でも「へぇ」と聞いてあげる

赤ちゃんは生まれて数カ月で、喃語と言われる「あー」「うー」といった声を出します。1~2歳くらいになると、最初は「まんま」「ママ」など単語だけから始まり、だんだん二語文、三語文と話し始めます。

大人にとっては何の意味もなさないような赤ちゃんの喃語や、それに対する親の語りかけが、実はその後の子どもの脳の発達や言葉の獲得に、とても重要な影響があることがわかっています。

家庭で3歳までに聞く言葉が、子どもの将来に大きな影響を与えていくことも知っておくと良いでしょう（ダナ・サスキンド『3000万語の格差』明石書店）。

現代社会では、大人にも子どもにも、毎日数多くの情報が入ってきます。

テレビ、インターネット、スマートフォンなどから、自分が知りたいことだけでなく、偶然目や耳に入ってくる情報も含めると、とんでもない情報量を無意識に取り入れているのです。

そうしたなかで、逆に年々減っているコミュニケーションもあるのではないでしょうか。たとえばそれは家庭内の会話。子どもが話しかけても、お母さんやお父さんは他の情報を取るのに忙しくて、子どもの話をろくに聞いていない、なんていうことがあるかもしれません。

話を聞けない子ども、集中できない子どもが増えているのは、集団生活である保育園に来る子どもたちを見ていると顕著《けんちょ》に現れています。

子どもの聞く態度、聞こうとする意識は、自分がそうしてもらえたからこそ、自分も相手の話を聞こうとするところから始まります。

乳児期から幼児期にかけて、子どもの発語の前に、どれだけ赤ちゃんに語りかけてあげたか、綺麗な素敵な言葉を聞かせてあげたか。そして大人が、子どものたわいのない話にどれだけ耳を傾けられるかが、大切なターニングポイントになるのです。

子どもが「きいて、きいて」と言ってきた時には、家事や仕事をしていても、一旦手を止めて、子どもに向き合って聞いてあげると、ちょっと何か言ったら満足して、どこかに行ってしまいます。

けれども、お母さんが他のことに気を取られて、子どもに見向きもせず聞いている素振りだけをしていると、子どもはずっと話しかけてきます。

一瞬手を止めて聞いてあげることより、中途半端に聞くことは、逆に時間がかかるのです。

子どもだって、大人が自分の話を聞いてくれているかどうかはわかります。

「へぇ」「そうなんだね」と相槌《あいづち》をうったり、共感したりしてあげるだけで良いのです。

今日から、子どもが話しかけてくる時には意識してみてください。

それだけで、子どもはグっと落ち着きます。

16

自己肯定感の礎を築く

自己肯定感とは、

「私は愛されている」

「ぼくは生まれてきてよかった」

「自分の存在がまわりの人に良い影響を与えている」

など、自分自身が肯定的な存在だとわかることで、高いエネルギーを発する感情のことです。

人は、成長していくなかで多くの学びの機会があります。それを自己の魂の成長と捉《とら》えて、困難を乗り越えながら自己肯定感を身につけていくこともありますが、ほとんどの人が、生まれてから数年の間に、この自己肯定感の礎《いしずえ》が築かれていくと私は思っています。

子どもは生まれながらに愛される存在であるべきです。

この世に生を享《う》けて生まれてくるからには、一人ひとりが使命や役割を持っているものです。親が、大人が、子どもを愛して愛して愛し尽くしていれば、自ずとそれを発揮できるようになります。

そのために親が子どもにしてあげられることの一番は、

「生まれてきてくれてありがとう」

と、感謝の気持ちを伝えること。それだけで良いのです。

生まれてから2、3年は、子どもをただただ愛すること。

子どものどんな欲求、要求にも応えてあげること。

子どもが、愛情をかけてくれた親、あるいは保育者など特定の大人に対して、絶対的な安心感、ここは自分にとって安全基地だという信頼感を見出せれば、人生の7～8割の自己肯定感が身についたと言えるでしょう。

それくらい、生まれてからの数年の間に、子どもにかける愛情は重要なのです。

最近、知った話ですが、自分が自身の良いところだけを認めるのではなく、「苦手や短所も含めて、自分を丸ごと受け入れることができる人」を、自己肯定感が高いと言うそうです。


「どんな自分でも良いのだ」

「私は私」

「どんな私でも愛される存在なんだ」

と思うこと、思って良いということです。

「人から見たらどう思われるか」なんて気にしなくて良いのです。

苦手や短所も含めて、まず自分を認めてあげましょう。


子どもはやはり、一番身近な親や大人からの影響を受けますので、

「どんなあなたでも愛しているよ」

というスタンスを保ち、愛情を伝え続けていきたいものです。

乳幼児期にどれだけ愛情をかけてあげられるかで、その子の人生、人格がつくられていくことを、常に肝に銘じておきたいと思います。

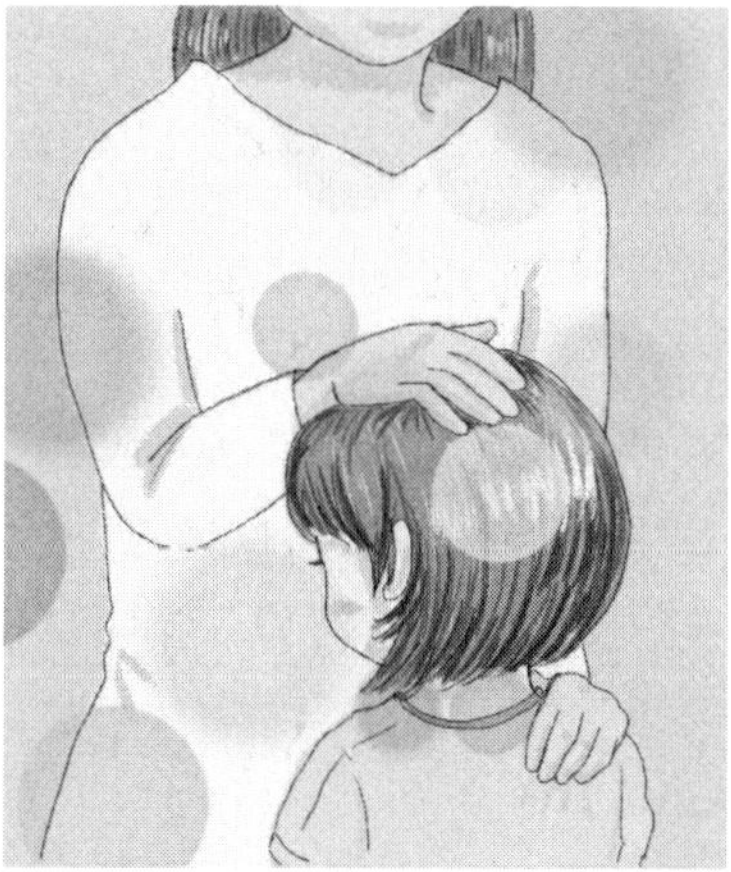

17 挨拶は自分から

子どもが物心つく頃から、日常の挨拶は積極的にしていくようにしましょう。

私がコミュニケーションで一番大切にしていることは、私から先に挨拶することです。

家族間でももちろんそうです。家族間での挨拶はおろそかになりがちかもしれませんが、朝、娘たちや義母と顔を合わせた瞬間に、私から、

「おはよう」

「おはようございます」

と発するようにしています。

顔を合わせて一言目に交わす挨拶は、その時の相手の声のトーンで、心や身体の状態まで察することができます。

「今日は機嫌が良いな」

と感じると、私もなんとなく良い気分になりますし、

「ちょっと元気がないな」

と思えば、「体調どう？」と気づかいの言葉もかけられます。

もし、家庭内で挨拶もなければ、その後の会話につながることも減ってしまうでしょう。


保育園でも、登園してきた子どもが元気に、

「おはようございます！」

「せんせーおはよう」

と言ってくれると、安心します。

また、帰り際に、

「さようなら」

と言って帰る子どもは素敵だと思います。

挨拶がしっかりできる子どもは、家庭内でも日常的に挨拶が交わされていることが

想像できます。きっと明るい家庭なのでしょう。

大人になっても、明るく自分から挨拶できる方は、やはり素敵ですし、好印象を与えてくれます。

誰にでも、無料でできる自己アピールが挨拶です。

まず子どもたちにやらせようとする前に、自分から挨拶をしていく意識を持ちましょう。それを見ている子どもも、自然と挨拶できるようになっていくものです。

学童期

小学生

子どもの行動範囲が変わり、
大きく世界が広がります。
親の知らないことも
増えていくこの時期に、
大切にすべきことは、
子どもとの心のつながりを
きちんと持つことです。

18

あなたは「運がいい」「ラッキー」「ついてるね」

娘たちが小学生になってから、週末に3人で車に乗って出かける時に、よくやっていたことがあります。

それは、目的地に着くまでいかに信号にひっかからず行けるかどうかという、運だめしみたいなものでした。私が運転しながら、

「これから毎日あらゆる点で一層良くなる、必ず良くなる、どんどん良くなる、ぐんぐん良くなる」

「ついてるついてるついてる、ラッキーラッキーラッキーラッキー」

と節をつけて言っていると、娘たちもマネをして、

「ついてるついてるついてる、ラッキーラッキーラッキーラッキー!!」

と言うようになりました。

時間に遅れそうになってヒヤヒヤしていても、3人で大合唱しながらその言葉を言い続けていると、いつの間にか楽しい気持ちになって出かけていたものでした。

私が娘たちに使ってきた言葉の中で特に意識してきた言葉が、

「あなたは運がいい子だね」

「ラッキーだね！」

「ついてるね」

というものです。良いことがあった時はもちろん、普段から、「あなたは運がいいから大丈夫だよ」と言うと、「うん！」と言って元気に出かけて行きました。

言葉には力があるといいます。

日常の中でよく聞く言葉、使われている言葉、特に自分が話す言葉は、自分が一番よく聞いていて、自分の潜在意識の中に入っていきます。

どんな言葉を自分の中に、相手の心の中に入れていきたいかと言えば、やはり良い言葉、プラスの言葉、エネルギー値の高い言葉に決まっています。ですから、娘たちにかける言葉は、特に気をつけて発するようにしています。

「私は運がいい」

「ラッキー」

と思えたら、口にするだけで、言葉のエネルギーにより波動がどんどん高まっていきます。

小さな頃からの言葉かけは、本当に重要です。

普段から、ポジティブワードを意識して発すること、聞かせることも、「楽ラク子育て」の秘訣です。

19 やりたいことをやらせて、嫌なことはやらせない

小学生くらいになると、自分の意思で興味のある習い事ややりたいことを伝えてくることがあります。

時々、保育園の保護者の方から「どんな習い事をさせたら良いですか？」と聞かれることがありますが、「お子さんのやりたいことを聞いて、やらせてあげたら良いですよ」と答えています。

いろいろな環境を見せてあげたり、経験させてあげたりすることは素敵ですが、最終的にやるかやらないかは、子どもに決めさせてあげましょう。

反対に、子どもがやりたいと言っていることを、親の都合や判断でやめさせることは極力避けたいものです。「お父さんお母さんは、私がやりたいことをやらせてくれ

なかった」と、自分の想いを受け止めてもらえなかった失望感と、人にダメだと言われて夢をあきらめるクセが身についてしまうからです。

子どもは、自分の意思を思いきって伝えた時に、まずそれを受け止めてもらえる人に心を開いていきます。それは、赤ちゃんの時から備わっている本能のような感覚で、どんなに小さくても「自分のことを受け入れてくれる人」を見抜きます。

それまで親の保護下にあり、ほとんど親の言う通りに過ごしてきたのに、小学生になると、親の手を離れて一人で学校に行ったり、放課後に友達と遊ぶ約束をしてきたり、子どもの意思決定で行動するようになります。

その時に、親がどれだけ子どもの想いを受け止めてあげられるかが大事です。ああだこうだと口出しして、理由をつけては制限したり、禁止したりしてしまう親もいるかもしれません。子どもが初めて一人で外の世界へ飛び出そうとしているのに、足かせを付けてしまうのです。

そのように育てられる子は、まるで窮屈な鳥籠《とりかご》の中に飼われている小鳥のようです。

子どもの本能は、自由を求めています。

真逆のことを強制し続けてしまうと、当然、摩擦《まさつ》が生じ、もしかしたら子どもが成長した時に、思春期あたりで大きな反発・反抗が表れるかもしれません。

子どもから発せられた意思表示は、できるだけ受け止め、受け入れてあげたいものです。

20 おこづかいはなし

どの家庭でも、ある程度の年齢になると、毎月「おこづかい」を与えているのでしょうか。

私は、娘たちが成人するまで、一度も月例定額のおこづかいをあげたことがありません。他のご家庭がいつからあげ始めたのか、いくらあげているのか、どのように与えているのかにも全く興味がなく、人に尋ねたこともありません。

とにかく我が家では、毎月お給料のように当たり前にお金をもらえる制度は取り入れませんでした。

娘たちがそのことをどう思っていたのかはわかりませんが、たった一度だけ、次女から「わたしも、おこづかいが欲しい」と言われたことがありました。

その時、私は「どうしたら、もらえると思う？」と聞きました。

次女は、ちょっと考えて、

「おてつだいをする」

「だれの？」

「じいじとばあば」

「うん。じゃあ、じいじとばあばが喜ぶことをしてあげて」

と言うと、すぐにとんでいって、帰ってきた時には、嬉しそうに100円玉を手に握りしめていました。

その時は、「よかったね」「うん！」で終わりました。


小学校の高学年から中学生くらいになると、お正月に娘たちがいただいたお年玉をまとめて、そのまま娘たちに渡すようにしました。

それを、「1年間で好きな時に好きなように使っていいよ」と伝えると、娘たちは、一気に高額なお金が入ってきたので大喜びです。早速「何を買おうかな」と欲しいものをリストアップしたり、「月々だといくらまで使えるね」と計算したりして、楽しそうに使い道を考えていました。

それ以来、文房具や洋服など、欲しいものは全部、自分のお財布や貯金箱から出して買うようになりましたから、よほどのことがない限り、「あれ買って」「これ買って」と言うことはありませんでした。

おこづかいは権利ではないので、毎月当たり前にもらえるものではありません。自分が欲しいものがある時は、どうしたら手に入れられるか、自分で考えて、知恵を絞ってみます。

祖父母たちの愛情でいただいたお金は大切に使います。

使い道、使い方はそれぞれ。

前年からの繰越金を貯めておいて、本当に欲しいものを買う長女。

1月が終わる頃にはスッカラカンの次女。

どっちでも大丈夫。

自分で考えて、自分で好きなように使えばいいから。
そこから学んだこともたくさんあると思います。
そんなスタンスで、私はお金の概念を娘たちに伝えてきました。

21 神社に行く、仏壇に手を合わせる

主人は、高校生の頃から神社仏閣が好きで、井伊谷宮《いいのやぐう》に献花したり、薬師寺に瓦を寄進したりしていました。

私も若い頃から、観光で神社やお寺に行くことが好きでしたので、結婚してからも、２人で神社やお寺にお詣りすることが多く、我が家には、生活の一部として神仏に手を合わせる習慣がありました。

主人の両親は、若い頃に仕事の都合で四国の本家から出てきていましたので、まだ新家のお墓や仏壇はありませんでした。そのため、２００４年、主人が亡くなった時に、浜松で造らせていただきました。

当時は家族の誰も浄土真宗のお経を知らず、毎日CDを流しながら、家族全員でお経をあげました。

四十九日を迎える頃には、全員、リズムや音程などが身につき、お経を一通り唱えられるようになっていました。

今考えても驚くのは、当時まだ0歳で、何も話せない頃から抱っこされて聴いていただけの次女が、幼児になるくらいには、本も見ずに皆と同じようにお経を唱えられるようになっていたことです。

また、そのおかげか、娘たちには幼少期から、お墓や仏壇に手を合わせる習慣が身につきました。今でも毎朝、仏壇に手を合わせてから出かけたり、自ら氏神《うじがみ》神社やお墓参りに赴《おもむ》いたりしている姿を見ると、自然に神仏を敬《うやま》う気持ちが身についていることを嬉しく思います。

長女は、高校の卒業記念に親子二人旅を提案した時、「どこに行きたい？」と聞くと、真っ先に「伊勢神宮」と言いました。東京ディズニーランドやユニバーサル・ス

タジオ・ジャパンなどのテーマパークを答えるかと思いきや、

「神社に行きたい」

「お礼詣りがしたい」

と言ったので、少し驚きましたが、嬉しく思いました。大切にするものがちゃんとわかっているのだな、と安心もしました。私は、「伊勢神宮」の他に愛知県蒲郡《がまごおり》市の「八百富《やおとみ》神社」や三重県鳥羽市の「神明《しんめい》神社（石神さん）」などを加えて、神社巡りの旅にしました。

成長した娘とこうして神社巡りができるのは、ありがたいことでした。

小さい頃から神仏を敬い、手を合わせる習慣を身につけられた境遇にも感謝しています。

22

出かける時は握手で送り出す

娘たちが小学生の頃から、毎日欠かさず行っていることがあります。

それは、出かける前に必ず握手をして送り出すことです。

私は、主人と結婚してから、毎朝、

「行ってきます」

「行ってらっしゃい」

の挨拶とともに、ハグをして笑顔で送り出していました。そのことが気持ちの安定につながることを知っていたので、同じように娘たちにも握手で肌のぬくもりを感じさせながら、元気に送り出すようにしています。

初めて、私から手を差し出した時には、一瞬「ん？」と止まってから、照れくさそうに手を出してきましたが、続けているうちに、いつの間にか娘たちから手を出してくるようになりました。

出かける時に私の姿が見えないと、探してまで握手をしてくるようにもなりました。

中学生や高校生、今は社会人になって、お互い多忙で一緒にいる時間や会話する時間が減ってきても、この朝の儀式だけは欠かさず行っています。握手をしたその瞬間に、2人の間にふっと温かいものが流れて、心も身体もリセットできる感じがします。

スキンシップって、大人になっても大切なんだな、と改めて感じます。

子育ての悩みにお答えする時に、私はこのスキンシップを提案します。

照れくさくてできないという方には、握手でなくても、背中をそっと触ってあげるだけでも良いと話しています。

スキンシップをすることで、いくつになっても、親に愛されている実感を持てるものです。

もちろん、子どもが小さければ小さいほど、スキンシップは子どもの心の拠《よ》り所になりますので、大いに触れ合ってあげてください。

それだけで子どもは安心できますから。

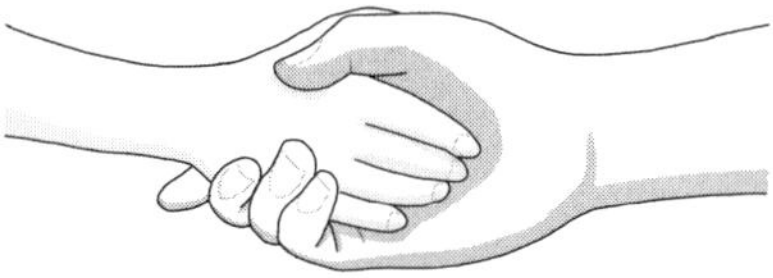

23

子どもの意思を尊重する

小学生も高学年くらいになると、社会のことや人との関係など、いろいろなことがわかってきます。大人主導で進めてきた家族の関係性も、子どもの意思がハッキリするにつれ、子どもに選択権が移っていきます。

良いのか悪いのか。

友達はどう思うだろうか。

自分だけでなく、他人の気持ちまで想像して、できるだけみんなと同じようにしたい気持ちが強くなってくるように思います。

「ゲームが欲しい」

「スマホが欲しい」

「だって、みんな持ってるもん」

など、「みんな」という言葉が頻繁に出てくるのも、この時期の子どもたちの特徴です。

子どもは、どちらかと言うと、同じような環境に集まる同じような人たちと、人間関係を形成していきます。毎日、同じ環境にいると、考え方の傾向も同じようになってきます。

小中学生の頃の友達は、同じ部活、同じ習い事、同じ塾など、環境が同じだから一緒にいる、という程度のつながりが多いでしょう。

もちろん、なかには幼なじみが一生の友になる子もいるし、小学校の同級生が親友になることもあると思います。

ただ、私自身は、小学校高学年から中学、高校生頃までは、「自分らしさ」なんてちっともわからず、自分の意思や想いはなるべく押し殺して、人に合わせることで友情を保っていただけのように思います。

ですから、小学生から高校生までの友達で、未《いま》だに会うような友達は1人くらいしかいません。そのくらい、学生時代は友達関係が希薄でした。

当時は、そんなことは想像もせず、人に気をつかいながら、日々学生生活を過ごしていました。

今でこそ、友達づくりは得意になりましたが、学生時代、どうしてあんなにまわりに気をつかっていたんだろう？と不思議に思います。

私の経験を踏まえて、これから成長していく娘たちには、

「自分の気持ちを出していいんだよ」

「泣きたい時は思いっきり泣いていいよ」

「大笑いサイコー」

「怒りたければ怒ればいい」

「わくわく楽しんでいこう」

と伝えてきました。

そして、その都度、

「あなたはどうしたいの？」

と、想いを聞きました。


この繰り返しが「じぶん」「わたし」「ぼく」「オレ」と、自分を主人公にして人生を確立していく手立てになっていくと信じています。

思春期

中学～高校生

環境や出会う人によって
気持ちや行動が左右される時期。
言葉を換えれば、とても不安定な
時期でもあります。
親は、子どもが自分を
確立していくための、
心の支えとなって
いきたいものです。

24

目に見えるところに目標を貼る

娘たちが小学生の頃、私は娘たちを連れて定期的に「真理」を学ぶ勉強会に行っていました。

そこでは、幸福感や使命感など日常の中で身につけておくと良い考え方や生活の仕方などを、小学生にもわかりやすく教えてくださいました。

そのなかで子どもたちは、「言葉には力がある」ということを学びました。

そして、自分のやりたいことや目標、夢などを人に話したり、紙に書いて貼ったりして、毎日見たり言ったりすると良いですよ、と教えてもらいました。

このことは、お正月の慣わしである「書き初め」によく表れていると思います。昔から日本人は、自分の目標や決意などを文字で表して掲げるという行為をしてきたのでしょう。

自分の目標ややりたいこと、欲しいものなどを口に出して人に言ったり、紙に書いたり、それを目につきやすいトイレや勉強机の前に貼って毎日見たりすると、意識の中に入ってきて叶いやすくなる、という原理がわかりました。

それ以来、私も、手帳に夢や叶えたいこと、こうなったら良いなというプランを書きつづるようになりました。

次女が中学3年生になったある日、いきなり墨と筆を用意して、たくさんの半紙に「○○高校合格」「合格しました」と書き始めました。

それを自分の部屋の壁に貼り、受験勉強をしていたようです。子どもの頃に聞いたことが、ちゃんと心の中に残っていたのだな、と思いました。

プロのスポーツ選手などが子どもの頃に書いた文章がクローズアップされることがよくあります。夢や想い、こうなりたい、といった姿を具体的に思い描いて実際に書きつづり、目標に向かってコツコツ努力をし続けた結果、大いに世界で活躍されている姿を見ていると、この論理は素晴らしいと、改めて思います。

私は時々、小学校や中学校で「未来授業」「職業講話」などでお話しする機会がありますが、その時にも、この次女の話をしながら、

「夢ややりたいことを、紙に書いたり、人に言ったりすると叶いますよ」

とお伝えしています。

強い願いは必ず叶う。

私の経験からも、確信をもって言えることです。

25

プラスの捉え方、考え方

人生はなにか出来事が起こった時に、それをどのように捉えて、どのように動くのかといった判断や選択で、成り立っていきます。

人生は常に、判断と選択の繰り返しです。

私は、いつの頃からか、何か意図せぬ問題が起こった時に、それをまず事実として受け止め、どうやったら処理できるかを冷静に考えて行動する癖がついていました。

出来事が困難であればあるほど、じっくり見つめて、その時できる最善の策を考えます。

そのことが起こったことにより、「さらに良くなるしかない」という前提で物事を捉えていくので、大概のことは、自然と乗り越えられてきたと思います。

私の座右の銘は、

「乗り越えられない壁はない」

です。

常にそれを感じながら、半世紀を生きてきました。

おそらくこれは、私が死ぬまで持っていられる心構えですので、この先私にどんな難題・試練が起きようとも、「絶対乗り越えてやる」「負けない」と思って立ち向かえるのではないかと思っています。


私がこのような気持ちになれたことには、若い頃に、身近で大切な2人の方を亡くしていることが影響しています。

彼らが与えてくれたものは、私の大きな財産となりました。

このような経験は、誰もがすることではないでしょう。

たとえ辛く悲しい経験をしなくても、私は物事、出来事の明るい部分や良いところを見て、プラスの考え方をしていくほうが、絶対に人生が好転していくと思っています。

娘たちも、そんな私を見て育ったせいか、何事もプラスに捉えて、積極的に行動していく癖がついているように思えます。

「人生が自分の思った通りになる」としたら、悪く捉えるより、良いように考えていったほうが、良いに決まっていますよね。

その思い癖をつけてしまうことが、子育ても人生も楽しくしていく秘訣です。

26

夢を叶える姿を見せる

私は、21歳の時に「自分で保育園をつくる」という夢を持ちました。

その前からも、もちろんその後も、やりたいこと、行きたい場所、欲しいものなど、ちょこちょこたくさんの夢を持ちましたが、52年間生きてきたなかで叶えた最大の夢が、「保育園設立、運営」でした。

夢を抱いてから叶えるまで20年近くかかりましたが、母親が一番の夢を実現するところを娘たちに見せられたこと、そして、その夢を今も継続できていることは、本当に良かったな、と思います。

「有言実行」「親の背中を見せる」なんてカッコイイことは言えませんが、私がやりたいことを楽しんでいる姿は、見てもらえていると思います。

私は、日々「子どもたちの無限の可能性を引き出してあげたい」と思いながら、子育てや保育をしています。

子どもたちがやりたいと思ったことにチャレンジしようとしている時は必ず、

「できるよ」

「あなたなら絶対できる」

と言葉をかけます。

初めて年長クラスを受け持った時に、子どもたちみんなと唱えた合言葉、

「できるできる、なんでもできる」

は、当時の園児たちの心の奥底にも残ってくれていたようです。

成人になった教え子から、

「あの時、亜子先生から『できる』と信じてもらったことで、今の私があります。私も先生のような、子どもの可能性を信じる保育士になります」

というお手紙をいただいた時には、とても大きな自信になりました。

子どもたちに「できるよ」と言っている以上は、これからも、私自身、夢や目標を持って取り組み、挑《いど》み、叶えていく姿を見せていきたいと思っています。

自分の将来を考え出す時期にそれを見せられたおかげか、今、娘たちも、少しずつ自分のやりたいことに向かい、取り組んでいるようです。

27 自分から聞かず、子どもから話すのを待つ

思春期になると、子どもも親離れをしたくなり、自分のことをあまり話したがらなくなるかもしれません。

私は、娘たちが小さい頃から、私から根掘り葉掘り聞くことはしないようにしてきました。

友人関係や交際相手のことなど、話したくなったら自分から話すだろう、くらいに考えていますし、仲良し親子でいつも一緒というよりは、ちょっと距離感がある親子関係がちょうど良いと思っています。

特に機嫌が悪い時や悩みを抱えていそうな時は、絶対に私から「どうしたの？」とは聞かないようにしています。娘が話したくなるまで、時を待ちます。

真剣な話だな、と思う時や、何かを相談してきた時は、きちんと向き合って応えます。娘たちは、私のアドバイスを参考にする時もあれば、自分の意思で決めることもありますが、最終的には、すべて自分の責任で選択していけば良いと思っています。

自分が産み、毎日一緒に生活していても、娘たちが経験してきたこと、考えていること、感じとってきたことが何でもわかるわけではありません。

娘たちが成長するにつれ、話をする内容に新鮮さや気づきを得ることもあります。

長女も次女も、高校生になり、自分の頭の中が整理され、理解できるようになってきたのか、ある時、「小さい頃はこんなふうに思っていたんだよ」という話や、前世の話をし始めた時があり、「そんなふうに思っていたんだ」「へえ、そうだったんだ」と知ることもありました。

その内容は、娘たちから話してくれなければ、まったく知るよしもないことでした。おそらく、娘たちもそれぞれに、自分の言葉として初めて人に伝えたのだと思いますが、話し終わるとスッキリした表情になっていました。

成人してからも、話さなければわからないことはたくさんあります。家族のコミュニケーションは重要です。

かと言って、何でも言いたいことを言い合えば良いということでもありません。人として対等に接することが大切です。

私は、普段は娘たちにあまりああだこうだと言うことはしませんが、まわりの人への感謝を忘れてしまいそうな言動をした時だけは、短い言葉で相手の気持ちを伝えて気づかせるようにしています。

自分一人で生きているのではない、まわりの人の支えがあって過ごせているのだと、私自身も含めて、感謝を忘れないようにしたいと思います。

そして大人になった娘たちが、それぞれ家庭をつくり、子育てをするようになったとしても、大切なことは伝えて、あとは待つ、というスタンスは、ずっと変わらずにいたいものです。

28

家庭にユーモアと笑いを

会話が多く明るい家庭に育った子どもは、明るく素直になる。

家庭内に笑いが絶えないと、子どもも笑顔が多い。

お母さんが明るく前向きだと、子どもも伸び伸びしている。

これらのことは、保育の専門家でなくても、考えればわかることですね。


子育て中のお母さんやお父さんに「どんなお子さんになってもらいたいですか？」

と聞くと、とても素敵なお答えが返ってきます。

「素直で優しい子」

「人の気持ちがわかる子」

「最後まであきらめずにやりぬく子」

など、当然、理想の姿を描きます。

子どもがそんな素敵な人になるための一番のモデルは、お母さんやお父さんです。

ほとんどの子どもは、生まれた時から、家庭内の雰囲気を感じとり、お母さんやお父さんの言葉を聞きながら育ちます。家庭は自立できる日がくるまで、いやがおうでもずっと身を置く環境です。日本の大抵のご家庭では、生まれてから自立するまで家庭で育ちますから、その影響力は絶大です。

我が家は、次女が生まれて7人家族になりました。

毎日、賑やかで、おじいちゃんはしょっちゅうジョークを言っていましたし、おばあちゃんも人懐っこく、誰とでも話せる人。主人はテレビ番組の『笑点』やお笑いが好きで、よく見ていました。

声を出して笑うことは、免疫力に作用するNK《ナチュラルキラー》細胞が活性化するとも言われています。健康のためにも、しかめっつらをしているより、笑っていたほうが良いということです。

普段から、楽しいことを見つけて、ユーモアや笑いのあふれる家庭にすることは、もっとお母さんやお父さんが意識するべきことのように思います。

人がテレビを見て大笑いするのを見るだけでも、幸せを感じますから、ぜひ笑いの絶えない家庭をつくってほしいものです。

主人が亡くなってからも、我が家はそんなに暗い雰囲気にはなりませんでした。

もちろん寂しさはありましたが、幼い娘たちが家族を癒やしてくれましたし、私は仕事や保育園をつくる夢がありましたから、前を向いて進むしかありませんでした。

主人の両親や義妹がいてくれたおかげで、支えられ、娘たちも明るく天真爛漫《らんまん》にスクスクと育ちました。

明るい家庭は、明るい未来をつくるという事実を、証明できていると思います。

29

自分で責任を持つ

2022年に日本の成人年齢が引き下げられ、18歳になりました。次女は、ちょうどその年に18歳となり、高校3年生で成人を迎えました。高校を卒業すると同時に仕事に就き家を離れたので、まさしく成人になるのと同時に自立していきました。

私は、「娘たちが成人になったらすること」を決めていました。

それは、今まで娘たちそれぞれのために貯めてきたお金（ほとんどが彼女たちの父親が遺《のこ》してくれたものでしたが）のうちから、学費やその他、長女の一人暮らしなどにかかった経費を除き、残ったすべての金額（娘名義の通帳）を娘に渡すということでした。

私や主人、つまり親ができることはここまで。成人になったら、すべての責任は自分自身にあります。法律遵守も刑事責任もクレジットカードの契約も、すべて自分の責任です。

私は、成人した娘たちにお金を手渡すことで、親の責任を卒業させてもらいました。

「今後、何かやりたいこと、買いたいものがあったら、この中、もしくは自分が働いていただくお給料の中から使ってください。結婚費用もここからとっておくなり、自分で稼ぐなり、どうぞご自由に……」

と渡し、親の役割を終えました。

この本は、親が楽な気持ちで子育てをしながら、子どもが自立へと向かっていけるコツやヒントをちりばめられたら良いな、と思って書いています。

私が考える「子育ての最終目標（卒業）」は「自立」です。

精神的な自立と経済的な自立。

両方があいまって、子育てが終了すると思います。

生まれてから約20年という歳月をかけて、子どもが未来に向けて飛び出せる心とお金を蓄えていく。

そこまでが、親の役割であり、責任です。

それ以降は、子ども自らが、一人の人間としての責任を持ち行動する。

その礎を築くのが、家庭なのだと思います。

30

可愛がられる人

2人の娘は、小さい頃から、ご年配の方によく可愛がられていました。高校生や大学生の頃もそうですし、仕事に就いた今でも、どこに行っても自分より年上の方、私よりも年齢が上の方、さらにはおじいちゃんおばあちゃん世代の方から、本当に良くしてもらえるそうです。

長女は幼い頃、よく義母に連れられて、義母の友人宅に一緒に行き、「〇〇おばちゃん」「〇〇ばぁば」と親しく呼んで可愛がられていました。

次女は、小さい頃からおじいちゃんが好きでした。自分のおじいちゃんだけでなく、お祭りの時など、気がつくといろいろなおじいちゃんのところへ行ったり、膝に座らせてもらったりと、ものおじすることなく、ご年配の方たちの中に入っていける子どもでした。

それらは、祖父母と同居していたことが大きな理由だと思います。

また、長女は大学生になって一人暮らしをした時に、近くのドラッグストアでアルバイトをしていました。その時の店員さんに、娘のように可愛がってもらえたことは、今でも思いだすと温かい気持ちになるようです。時々、「バイト先に帰りたいな」と言うこともあり、第二の故郷と思えるくらい、楽しい経験をさせてもらったのだと思います。

次女は、高校生の時から足繁《あししげ》く通っていた「航空自衛隊浜松広報館」のスタッフの皆さんに良くしていただき、飛行機のことや現場での体験談など、いろいろなことを教わっていました。

広報館には、私の父、つまり娘の祖父が勤めていた頃の同僚の方が未だにいらっしゃいます。その方たちのことも「おじいちゃん」と慕い、また主人の現役時代の上司（隊長）には、18年という年月を経て娘がお世話になる、という巡り合わせとなりました。次女も、本当に恵まれた環境の中に身を置かせていただいています。

可愛がられる人は、やはり可愛げのある人です。
わからないことは何でも聞き、率直な自分の想いを伝えられる素直な人。
純粋で、裏表がなく、ありのままに生きている人。
人に迷惑をかけずに、自分らしく生きている人。
いつも笑顔でニコニコしている人。
自分の機嫌を自分でとれる人。

私自身もそんな人でありたいと、常に思っています。

31

感謝を言葉にする

「ありがとう」という言葉は、世界中で共通して使われる言葉であり、世界一素敵な言葉だと思います。

日本語では、「有り難う」「有り難い」という漢字が当てられていますが、調べてみると、「ありがとう」の語源は「有り難し（有り難い）」、つまり「本来起こることがない出来事、あり得ないこと、非常にまれなこと」という意味で、その由来はお釈迦様が弟子に伝えた仏教のお話で示されているそうです。

いわゆる「奇跡」のようなことが起こった時に、人は神様や仏様の前で手を合わせて「有り難い」「有り難し」と言っていました。そこから、だんだん人に対しても使われるようになっていったそうです。

普段の生活のなかでも、相手が何かしてくれることは、決して当たり前のことではなく、ひとつの「奇跡」のようなものです。

そのことに感謝の気持ちを忘れずに、「ありがとう」と伝えることは、とても大切なことだと思います。

保育園に通ってくる小さなお子さんでも、物を渡してあげたり、おやつをわけてあげたりした時に、自然と「ありがとう」と言える子がいます。

普段から、お母さんやお父さんとの会話の中で「ありがとう」をたくさん言っているご家庭なのだな、とほっこり温かい気持ちになります。

人に何かをしてもらえることは当たり前ではない、だから感謝の気持ちを伝えよう、なんて思って言う子どもはいないでしょう。この謙虚《けんきょ》さや相手を敬うことができる日本人の特性を、子どもたちにちゃんと伝承していくためには、親やまわりの大人がたくさんの「ありがとう」を言うことです。

私は一時期、意識してたくさんの「ありがとうございます」を言うようにしていました。

数取器《かずとりき》（ボタンを押すとカチカチといいながら数を数えられる道具）をわざわざ買って、何もなくても「ありがとうございます」と言い、1回言うたびに、カチッと押して数えていました。

それは、人生の大先輩から「やってみると良いよ」と言われたからです。何が良いのかやってみないとわからないので、まずやってみた、というわけです。

さすがに人前でブツブツ言えないので、1人で車に乗って運転している時に、繰り返し「ありがとう」と言ってみました。

最初は何も感じませんでしたが、言い続けていくと、ある瞬間から「あれ？」と思うことがありました。自分の心境の変化に気づいたのです。

「こうして自分で運転して動けること」

「元気でいられること」

「息ができること」

何もかもに感謝の気持ちが湧いてきて、清々《すがすが》しい気分になりました。

父や母にも「ありがとうございます」。
主人や主人の両親にも「ありがとうございます」。
娘たちにも「ありがとうございます」。
まわりの人へも「ありがとうございます」。
たくさんの人の顔を思い浮かべながら言いました。

続けるうちに、自分自身にも感謝できるようになりました。
「ありがとう」を言えば言うほど、「有り難い」ことが湧いてくることに気づかせてもらったのです。

ありがとう

青年期

成人～

親の元を離れ、
自立への道を歩み始める時。
対等な大人として接するなかで、
受け取ってほしいこと、
次の世代にも引き継いで
もらいたいことがあります。
それができたら、
親業は終了です。

32

知識と経験をつけさせる

自分で働いて稼ぐようになったら、自分のお金を好きなことに使えるようになります。好きな服や化粧品、食事に美容に車や旅行、使い道はたくさんあって、いくらでも消費してしまいます。特に若い頃は、いろいろな欲があるのが当然なので、あれもこれもと手に入れたくなる気持ちはわかります。

私も、20代の頃、エステや車など、その他1回で払いきれないものは分割にして、毎月の給料からコツコツ払い、今では無駄だったと思うようなものにも随分お金を浪費した経験があります。

私が20代でお金をかけて良かったと思えることは、23歳の時に北欧の保育を学ぶため、スウェーデンやデンマークの保育園、幼稚園、市役所などの官公庁を訪れるツアーに参加したことです。

21歳の時に「自分の保育園をつくる」と決めた私は、当時、定期的に勉強会に参加していました。その時に主催されていた園長先生からお声をかけていただき、研修旅行に参加することにしたのでした。10日間で100万円くらいかかりましたが、実際に現場に行き、保育や子どもたちの様子を見たり聞いたりした実体験は、今の自分が理想とする園の原型になっています。福祉先進国である両国の、子どもや子育て家庭に対する考え方や施策を知ることで、私の保育観の確立にもつながりました。

自己研鑽《けんさん》したり経験を積んだりすることは、若い時ほど思いきりできますし、それが今後の自分の仕事や人生にも影響を与えることになる可能性を考えると、「若い時の苦労は買ってでもせよ」ということわざも納得できます。お金を使うことに憂慮《ゆうりょ》するより、経験する機会を選んだことは正解だったと思います。

私は、スウェーデン、デンマークの初海外を皮切りに、フランス、エジプト、ギリシャ、トルコ、韓国、ハワイ（アメリカ）、インド（3回）、マレーシア、タイ、シンガポール、香港（中国、2回）、バリ（インドネシア）、ドバイ（アラブ首長国連邦）、オーストラリアと16カ国を訪れ、その国の文化や人々の暮らし、風習に触れてきました。

海外に行くことだけが必ずしも良いとはかぎりませんが、時には住み慣れた日本を離れて、言葉も習慣も、なにもかも日本の常識が通じない不便さ、不自由さを味わいながら旅をする経験は、自分のキャパシティを広げるためにも、とても良い刺激になるでしょう。

私にとって、若いうちに井の中の蛙《かわず》から一歩外へ飛び出して、世界から日本を見たことは、自分の人生経験として、とても有益なものになりました。

その経験や失敗があったことで、子育てもおおらかに対応できるようになりましたし、日本の伝統的な生活文化や食文化の良さを子どもたちに伝え、残していきたい、とより強く思うようになりました。

若い世代の方たちは、できるだけ、いろいろな経験・体験をしながら、失敗も挫折も味わえる機会を、たくさんつくってください。

私自身も、50代になってもまだまだ知らないことだらけで、まだまだ行ったことのない場所はたくさんあります。

これからもっともっとチャレンジし、新しい経験を積んで、さらに人生を楽しんでいきたいですし、同じように娘たちにも経験していってもらいたいと思います。

33

人生観を語り合う

娘たちが成長した今、私の一番の楽しみは、それぞれの想いをさらけ出して語り合う時間です。「27　自分から聞かず、子どもから話すのを待つ」でも書いたように、私は基本的に、自分から娘にあれやこれや聞き出すことはしないように配慮しています。話したいことがあったら自分から話しかけてくるだろうからと、毎日交わすのは、日常会話くらいで、長く話し込むことはあまりありません。

ここで少し、次女が生まれた時のことをお話しします。

私たち夫婦にとって、次女が生まれてきてくれたのは、本当に奇跡的なことでした。

2002年1月、献血から帰ってきた主人が、「今日は、献血ができなかった。明日、血液検査を受けることになった」と言いました。そしてその検査の結果、「急性骨髄性白血病」という、血液のがんであると診断を受けたのです。

結婚6年目で、長女は、まだ2歳になる前でした。

私は、ハンマーで思いきり頭を殴られたようで、「どうして、私にばかり、こんな悲しいことが起きるの」と、一瞬、神様を恨みそうになりました。

けれども、すぐに気を取り直して、「私が絶対治してみせる」と、主人の病と現実に立ち向かう勇気を奮い立たせました。

主人は、いつでも明るく前向きにいてくれました。

抗がん剤治療で髪の毛が抜け始めた時には、「また坊主頭にしてみたかった」と笑顔で断髪式を行いました。ものすごく痛いと言われる脊髄《せきずい》から骨髄液を抜いて行う検査や、抗がん剤の副作用。どれもきつかったと思いますが、家族の前では、いつも穏やかな笑顔を見せてくれていました。

私は、保育園の仕事の合間に主人の病院に行き、家に帰って長女の寝顔に癒される、という生活が1年以上続いたある日のこと、しばらく生理がきていないことに気がつきました。

実は主人は、抗がん剤治療を始めてから、「長女がひとりっ子ではかわいそうだから」と考え、密かに精子保存をしていたそうです。その時に保存できたのは、わずか3つ。「もしもの時に使ってほしい」と、お医者さんに頼んでいたのでした。

けれど、そんな状況のなかで、私の自然妊娠がわかったのです。

2003年11月18日、午前3時9分、次女が誕生しました。

深夜にもかかわらず、主人も入院先の病院から駆けつけてくれて、次女を一番に抱っこしてくれました。あまりにも奇跡的な出来事に、主人は、

「これで、安心だ。自分のすべてをこの子に託した」

と、涙を流して喜んでいました。

主人は、次女が生まれてまもなく、臍帯血移植《さいたいけつ》手術を受けましたが、最期は多臓器不全でこの世での使命を終えました。

次女は、風邪ひとつひかず、本当に元気に逞《たくま》しく成長し、2022年、父と同じ航空自衛官の職務に就きました。

そんな次女が高校生の頃にポツポツと話してくれたことがあります。それは、生まれる前、自分がどこからきたのか、という内容でした。「12 雲の上の話」で、長女の前世記憶のことを書きましたが、次女は、また違う感覚で話してくれました。

「私は、前世は人間とか有形のものではなく、『無』の中からポーンと送られてきた感じがしたんだ」

「光のような、そんな存在だった気がする」

このことを聞いた時、私は、

「そうだったんだね」

「あなたが生まれてきてくれたことは、頑張っているお父さんとお母さんへの最高のご褒美《ほうび》だと思っていたよ」

「話してくれてありがとう」

と伝えました。

人間知では考えられないくらい、神秘的で奇跡的に誕生した次女は、やはり使命として、私たちのところへ来てくれたのだと思いました。

その後、成長していく娘たちとの会話の中で、

「あ、こんな考え方をするようになったんだ」

「へえ、あなたはそう思うんだね」

と感じることが増えていきました。

娘たちとの会話の中で私が大事にしていることは、娘の意見を絶対に否定しないこと。

親子であっても、必ずしも意見や想いが一致するわけではないし、経験も違うので、「それ、違うよ」なんて言えません。

大切なのは答えを出すことではなく、お互いが思っていることを、そのまま出せる

雰囲気をつくることです。

相手の意見を聞くこと。

そういう考えもあるんだ、と受け止めること。

これだけを意識していれば、大人になっても親子のコミュニケーションはちゃんと取り合えるのではないでしょうか。


これから、まだまだたくさんの人生経験をしていく娘たちを、私は静かに穏やかに見守りながら、必要な時には語り合える関係でい続けたいと思います。

34

子育てに正解はない

子育てに正解はありません。

もし、自分が育ててきた子どもの答えがわかるとしたら、その子が大人になった時に親に対して何を思うか、かもしれません。

人によって生まれ育つ環境も違いますし、親の価値観も子どもの特性も違います。

子育てに何が良くて何が悪いという基準はありません。

ただ、子どもが育っていくなかで、こうしたら伸びていくだろうな、という見通しはあります。その技術とスキルを、専門的な保育経験と知識からお伝えすることはできますが、親も子どももそれぞれみんな違うので、保育は本当に深く、楽しく、やりがいがある仕事だと思います。

「みんなちがって、みんないい」

金子みすゞさんの詩の一節ですが、私が運営している和敬愛育園の保育のコンセプトは、この言葉に集約されます。

「人は誰でも、その人にしかできない使命・役割を持って生まれてくる」

私は、21歳の時にこの言葉を聞き、この世に生まれてきた私自身の使命を自分の心の奥底まで問いただしたところ、自分の本当にやりたいことがわかりました。

また、たくさんの子どもたちに関わらせてもらうことで、その子ども一人ひとりの良いところ、長所を見つけることが得意になりましたし、その良さを活かせる保育環境を整えるようにしています。


今は、子どもの特性を知り、その子に適した対応をする勉強もしていますので、より個性や特性が輝けるような配慮もできます。大切な乳幼児期のお子さんを、私たちにお預けくださる保護者の方々の気持ちを思うと、より子どもの伸びる力、可能性を信じて、力を引き出してあげたいと思います。

「子育てって楽しい！」と、私は心の底から思います。

私の娘たちには、母親らしいことはあまりしてあげられませんでしたが、どの年齢の時の娘たちも全部可愛いと思ってきましたし、成人になった今でも、やはり娘たちの幸せを願うのみです。


私自身も、自分の子育てが正解だったかどうか、わかりません。

ただ、娘たちにひとつ言えるのは、

「私を選んで、私の子どもとして生まれてきてくれて、ありがとう」

ということです。あなたたちが私の娘で、私はたくさんの喜びと幸せを味わわせてもらいました。

「お母さんに子育てを楽しませてくれてありがとう」


人生の中で、子育てに関わる期間は本当に短いものです。

今、子育て真っ最中の方たちにとっては、毎日が慌ただしく、自分のことと子どものこと、家事も仕事も……、とあらゆることをこなすだけで精一杯の日々かもしれません。

こんな大変なことが、いつまで続くのかと途方に暮れてしまうかもしれません。

でも、必ず終わる時がきます。

その時には、子どもたちに「お母さん、よくがんばったでしょ」と言えるくらい、今をとことんやりきってください。

そのがんばっているお母さんを、子どもたちは必ず見ています。

子育ての答えは、子どもたち自身が一番わかっているのだと思います。

35 自立に向かうために

娘たちが育っていくなかで、私が娘たちにしてきたこと、娘たちに対する想いは、かなり書き尽くしたと思います。私だけで育てたなんて、これっぽっちも思いませんし、むしろ義父母や、娘たちがこれまで出会ってきた、多くのまわりの方たちに育てていただいたと思っています。

これからも、まだまだ多くの方のお世話になることと思いますが、とりあえず娘が2人とも成人したことで、私自身の子育ては終了、親業は卒業だと思っています。

この本は、『楽ラク子育て』というタイトルをつけていますが、テーマの根幹に「子どもの自立」を置いてきました。

子どもにもっとも身近で影響を与える存在の親（養育者）が、どのような考えや捉え方、言葉や態度の表現をするかで、子どもが健全に自立できるかどうかが決まってきます。

この「健全な自立」というのがポイントです。

年齢を重ねれば、当然いつかは大人になりますが、その中で精神的自立、できれば金銭的自立も果たすことが、本当の自立となっていくのです。

私自身、義務教育を終えて、高校、短大、就職、結婚と人生を歩んでくるなかで、授業料や短大時代の寮費こそ親に出してもらいましたが、車の免許をとる費用も結婚式の費用も、すべて自分が貯めてきたお金で賄《まかな》ってきました。

保育園を立ち上げる時も、親にお金を出してもらうことは、1円だってありませんでした。

20歳を過ぎたら、全部自己責任。

自分で決めたことに対して、全責任、全負担を負うのは当たり前だと思い、成人してから親に金銭的負担をかけたことはありません。

そして、親に対しても結婚後の主人に対しても、いっさい依存することはありませんでした。

主人も私もお互いを一人の人として、対等で平等なパートナーとして結婚したので、家事育児は女性の仕事とか、結婚したら仕事を辞めて主人の給料で暮らすといったことは、選択肢にありませんでした。そして、お互いにやりたいことをやったら良いというスタイル、スタンスを持っていたので、相手に自分の想いを強要したり押しつけたりすることもありませんでした。

私のスタイルが正解というわけではありません。

自立の形は、一人ひとり違います。

本当の自立とは、自分の人生を、自分の理想通りに自分で実現していく力が身についていることです。それまでの日常の家庭生活のなかで、お互いに対する思いやりの気持ちや尊重する心を持ち、自分も人も認め合う夫婦関係、親子関係が築かれていれば、必ず自立していけるでしょう。

娘たちも、そうやって自立していったと思っています。

36

家族になった理由

私は、今世、この時代、日本という国のこの地、この家族を選んで生まれてきました。

娘たちも同様に、私と主人を父母として選び、いろいろな苦労・困難もあるかもしれないこの家庭に生まれてきてくれました。

一人ひとりの人格は違うのに、社会の最小単位である家族として、毎日同じ環境で過ごすことができるのは、すごいことだと感じます。

地球ができて、人間が生まれて、これまで想像を絶する数の人が誕生してきたのに、今ここで家族として生きていること。その確率は、天文学的数字から見ても、ものすごい奇跡ではないでしょうか。

毎朝当たり前に起きてきて、「おはよう」と言う。

明日がまた来ることをまったく疑いもせず、「おやすみ」と言う。

日常的と思われることも、実は永遠ではない変わりゆく貴重な時間であるはずなのに、それを忘れて、忘れるどころか考えることもしないで、家族にあれやこれやと求めたり、社会やまわりに対する不平不満を言ったり、自分は変わろうとせず、まわりばかり変えようとしたりしている人もいるかもしれません。

そんな自己中心的な人を見たら、人間を作り出した神様は、相当残念がっているに違いありません。


私は、小さい頃から母が働いていたので、保育園に通い、小学生の頃はいわゆる鍵っ子でした。小学4年生からミニバスケットボール部に入りましたが、土日に部活動がある時のお弁当は、仕事で忙しい母を休ませてあげようと、自分で作っていました。

寂しい思いをしたこともあったかもしれませんが、それよりも、毎日の小さなことから進学・就職など人生の岐路《きろ》に立った時まで、すべて私自身の選択に任せてくれた両親に、感謝することのほうが大きいです。

母は決して子育てが上手ではなく、どちらかと言うと、自分自身や仕事を優先させることもありました。けれど、子どもに過干渉や過保護にならなかった分、私はなんでも自分でこなし、自分で決める力が身につきました。

亡き父は、無償の愛を注いでくれ、もっとも私のことを信じてくれる存在でした。

この両親の元に生まれてきたこと、そして中川家に嫁いで新たな家庭を持ち、娘たちを育てさせてもらえたことに、本当に感謝しかありません。

この世の出来事はすべて偶然ではなく、必然の出会いから成り立ちます。家族も然《しか》りです。

神様は、一人の人間をこの世に送る時、その人にしかできない使命と役割を持たせてくださいます。その使命と役割を果たすために、私たちは地上に生まれてきました。私も、自分にどんな役割があるかなんて、小さい頃はまったくわかりませんでしたが、今はこの両親の元に生まれてきた意味も、主人や娘たちと新たな家族となった意味も、一つの役割があってのことだと思えるようになりました。

この希少な機会に巡り会えた家族に感謝し、大切に思うこと。

ご先祖様から受け継がれてきた生命《いのち》や役割を生ききり、次の世代につないでいくこと。

自分ができることを何か一つでも残していけたら、この世の使命を果たしたと言えるかもしれません。

私の生き方が、娘たちや誰かの勇気となるように、最期まで、私の使命・役割を生ききりたいと思います。

37

乗り越えられない壁はない

乗り越えられない壁はない。

21歳からの私の座右の銘です。


辛い時、悲しい時、絶体絶命の時、この言葉を口にしながら、絶対に乗り越えてみせる！と自分を奮い立たせていました。

何か問題が起こったり、ピンチになったりした時ほど、私は冷静になれる特性を持っているようです。

逆境に強く、追い込まれた時ほど力が出せる、「火事場の馬鹿力」とはまさしくその通りだ、と思えるくらい、

「絶対大丈夫！　絶対に乗り越えてみせる！」

と心に誓いながら対処・対応していく自分がいます。

保育園の経営者、園長になって、スタッフから、「亜子さんが強く決断・実行してくれるから、安心してついていけました」と言ってもらえることがありました。

何かが起こっても、何がなんでもやりきる、なんとかしよう、と乗り越えようとする強い想いが、まわりの方への安心感につながっていると知って、さらに、この特性を誇らしく思います。

「私がいるから大丈夫！」

と言えるトップがいることは、スタッフにとってどんなにか心強いことでしょう。

人生においては、すべて今の自分にピッタリな出来事しか起こらないと思っています。

すぐにひしゃげてしまう人、落ち込んでしまう人、あきらめてしまう人にはそれなりの問題しか起こらないけれど、問題や課題を自分のレベルアップのためと捉えて、勇敢に立ち向かっていく人には、ハイレベルな試練が起こるのだと思います。それを糧《かて》に、より高みに向かえるような出来事です。

ですから私には、21歳と33歳の時に最愛の人を亡くすという試練が与えられたのでしょう。

この出来事を不幸と捉えるか、それともこれをバネにして、彼らの生きた証《あかし》を、私を通じて伝えていくか。

私は泣いて暮らすより、後者になろう！と誓いました。そのほうが、彼らが喜んでくれるだろうし、これを乗り越えれば、何より自分自身の成長になるだろうと思ったからです。

乗り越えられない壁はない。
すべて今の自分に必要なこと。

そう思って、壁を越えた後にどんな爽快な風景が待っているのだろうとわくわくしながら、あきらめずに問題・課題に立ち向かっていってほしいと思います。

娘たちや、和敬愛育園の園児たち、そして日本中・世界中すべての子どもたち、人たちに伝えたい最後のメッセージです。

「あなたは大丈夫！
どんなことがあっても、絶対に乗り越えられる！
希望と勇気を持って生き抜いてください」

おわりに

人生において、子どもを授かり、産み、育てる役割を与えられるということは、自分の魂を高めるためにも、とても貴重でありがたい経験をさせていただく機会です。けれど、子育ての大変な面ばかりにとらわれてしまうと、とてつもない奇跡の連続のなかで自分の元に生まれてきてくれたのに、そのことを忘れて、目の前にいる子どもを、どうにかして自分の思い通りにしようとしてしまいがちです。

子育てはとても楽しく、楽《ラク》にできるものだと思います。

それは、私が20歳で保育士になり、30年以上の保育経験があるからそう思うのではなく、私の心の底に、自分が産んだ子でも、そうでなくても、一人ひとりの子どもを価値ある人格として捉え、その子が秘めている無限の可能性を認めてあげたい、と思う気持ちがあるからです。

その子をまるごと受け止め、やりたいことや意思を尊重してあげさえすれば、親子関係も、乳幼児保育も、学校も、社会も、すべて円満に、楽しく過ごすことができるのです。

主人が亡くなった時、長女は4歳になったばかり、次女は生後5カ月でした。夫婦で子育てできた期間は短いですが、いつでも主人はそばにいて、私たち家族を見守り、応援してくれていると、今も感じています。

人から見れば、辛い境遇かもしれませんが、私も娘たちも、常に前を向いて生きてきました。

そして2022年春、18歳で成人を迎え、高校を卒業した次女が、自分が選んだ道にまっしぐらに進んでいく後ろ姿を見送った時、私の親としての役目は終わったと感じました。巣立った寂しさは一瞬で、それより、子育てをやり終えた清々しさでいっぱいでした。

自分が選んだ道を進んでいく娘たちを見ていると、私が娘たちにしてきたことは、正解かどうかはわかりませんが、これで良かったと、今、改めて思います。

この先、娘たちが、また新たな家族をつくっていくこともあるでしょう。彼女たちがどんな子育てをしていくのか楽しみです。その時に、この本でヒントを見つけてくれることもあるかもしれません。


自分の子育てを終えた私は、新たな夢ややりたいことができました。もっともっとたくさんのお母さん、お父さんに、子育ての楽しさや喜びを味わっていただきたい、と、より一層思うようになりました。

子育て世代が気軽に集えるコミュニティとして、「ここが私の居場所」と思える環境をつくり、すこやかに育つ子どもたちを見守っていきたいと思います。

ここから、私の人生の第2章が始まります。自分自身も楽しみながら、皆さんのお役に立てる人生を生きていきたいと思います。

２０２３年７月

中川亜子

〈著者略歴〉
中川亜子（なかがわ　あこ）
株式会社和敬愛育園代表取締役。
1971年、浜松市で生まれる。小学５年生の時に、保育士になる夢を抱く。同時期、「死んだらどうなるのか」と未知なる世界への恐怖をもつようになる。高校卒業後、保育の資格が取れる学校に進学し、1991年、浜松市の公立保育園の保育士となる。21歳の時、当時交際中の恋人の死をきっかけに、「人は何のために生まれるのか」を探求し始める。それによって、小学生の頃から抱いていた死への恐怖心もなくなり、自分の使命・役割を生きることを決意。それが、保育園設立の礎となる。2011年２月、念願の「和敬愛育園」を開園し、以降2017年に「和敬第二愛育園」、2021年に「和敬第三愛育園」を併設。現在は、保育士養成専門学校の講師もつとめる。

楽ラク子育て
自立した子どもに育てるための37のヒント

2023年７月20日　第１版第１刷発行

著　者　　中川亜子
発　行　　株式会社ＰＨＰエディターズ・グループ
〒135-0061　東京都江東区豊洲5-6-52
☎03-6204-2931
http://www.peg.co.jp/
印　刷
製　本　　シナノ印刷株式会社

ISBN978-4-910739-31-1